Roadbook
Mit dem Geländewagen unterwegs

Mit Beiträgen von
Peter Böhlke und Jürgen Hampel

Vorwort

Für nahezu jede Form der aktiven Freizeitgestaltung gibt es spezielle Literatur. Führer für Mountainbiker, Surfer, Wanderer und Kletterer, Enduro- oder Wildwasserfahrer weisen die Wege zu den schönsten Revieren.
Das vorliegende Buch für Geländewagenfahrer war längst überfällig, auch wenn es in eine Zeit fällt, in der sich der Widerstand gegen motorisierte Freizeitfreuden zunehmend organisiert. Aber: Geländewagenfahren macht Spaß! Wir versuchen gar nicht erst, dies zu rechtfertigen oder zu begründen - obgleich es genügend Argumente dafür gäbe. Wir bekennen uns einfach dazu. Und weil das so ist, haben wir in unsere Kiste gegriffen und unter unseren schönsten Reisen und Touren einige herausgesucht und für Sie zum Nachfahren zusammengestellt.
Dabei erheben wir keinen Anspruch auf Vollständigkeit und wollen auch nichts von Superlativen wissen. Im Mittelpunkt des Buches steht das vergnügliche Reisen mit dem Geländewagen. Vorgestellt werden Touren auf legal befahrbaren, aber oft unbekannten Pisten, die das eine Quentchen mehr Spaß vermitteln als die Tatsache, schnellstmöglich von Punkt A nach Punkt B zu gelangen. So mancher Leser wird Bekanntes finden, vielleicht zu ausführlich erklärt. In diesem Fall bitten wir um Verständnis, denn was für den einen „Allradler" ein alter Hut ist, stellt für den anderen „Off-Roader" Neuland dar.
Wir haben den Reisen mit unseren Geländewagen unvergeßliche Erlebnisse, bleibende Erfahrungen und vieles mehr zu verdanken. So manche Ziele hätten wir ohne unseren Allrad nicht angesteuert und mit einem anderen Fahrzeug vielleicht auch gar nicht erreicht. Probleme mit Wanderern, Mountainbikern oder Endurofahrern hatten wir dabei nie. Mit gegenseitiger Rücksichtnahme kann man sich leicht die oft schmalen Pisten teilen.
Oftmals waren wir mit dem Klemmbrett auf den Beinen, dem Diktiergerät, der Kamera und der Reiseschreibmaschine im schwankenden Wagen unterwegs, ohne zu wissen, wo wir wieder herauskommen. Aber immer wieder sind wir auf freundliche, hilfsbereite Menschen gestoßen, die uns den entscheidenden Tip für die unbekannte Strecke gegeben haben.
Auch für Ihre Hilfe, nämlich Anregung und Kritik, sind wir dankbar. Schreiben Sie uns! Wir bereiten für Mitte des Jahres 1995 Band II vor und freuen uns, Ihre Anregungen aufzugreifen.

Ihr Team von

vier mal vier unterwegs

Gebrauchsanleitung

Bevor Sie losfahren, haben sich die Autoren vom ordnungsgemäßen Zustand ... Nein, so geht es eben nicht! So ähnliche Aussagen kann man vor der Ziehung der Lottozahlen über den Zustand des Gerätes machen. Bezogen auf Reisen wäre dies unseriös. Wir besitzen keine hellseherischen Fähigkeiten, können weder Wetter noch Straßenzustand für einen bestimmten Tag in einer bestimmten Region vorhersagen.

Wir haben nach bestem Wissen und Gewissen recherchiert und Mitte 1994 waren alle in diesem Buch beschriebenen Touren legal befahrbar. Gemeingefährliche Trassenführungen haben wir weggelassen, dort, wo die Piste nur für den geübten Fahrer geeignet ist, haben wir im Text darauf hingewiesen.

Dennoch sind Reisen nie frei von Risiken, deshalb ein paar Hinweise für den Gebrauch dieses Buches:

1) Abgelegene Straßen werden nicht mit der Intensität gepflegt, wie Autobahnen oder Bundesstraßen. Man kann deshalb nie ausschließen, daß die Piste zum Beispiel nach heftigen Regenfällen vorübergehend unbefahrbar ist.
2) Auf abgelegenen Strecken gibt es keine Notrufsäulen. Deshalb sollte man einfachste Reparaturen selbst ausführen können oder besser mit zwei Wagen unterwegs sein.
3) Das Wetter kann unberechenbar sein. Besonders ungemütlich ist eine plötzliche, witterungsbedingte Straßenverschüttung hinter einem, die den Rückweg versperrt. Im Zweifelsfall lieber vorher umkehren.
4) Die in den einzelnen Roadbooks angegebenen Entfernungen wurden anhand unserer eigenen Kilometerzähler ermittelt. Technisch bedingte Abweichungen kleineren Ausmaßes sind nicht auszuschließen. Zur Erleichterung wird jeweils die Entfernung von einem Punkt zum nächsten (zweite Angabe), aber auch die Gesamtentfernung (erste Angabe) im Roadbook-Teil angegeben.
5) Wege, die nicht befahren werden dürfen oder nicht befahrbar sind, wurden von uns in der Wegbeschreibung in der Regel ignoriert, das heißt, nicht erwähnt, außer sie dienen der leichteren Orientierung.
6) Als Symbole im Roadbook bedeuten ↑ geradeaus, ← links, → rechts, ✗ Kreuzung, Y Einmündung.
7) Auch wenn Sie mal eine Abzweigung verpassen, keine Angst! Sie kommen garantiert bald wieder zu einem Ort und können sich neu orientieren.
8) Die Kartenskizzen im Buch dienen lediglich einer ersten Orientierung. Im Informationsteil gibt es Tips zum verwendeten Kartenmaterial.

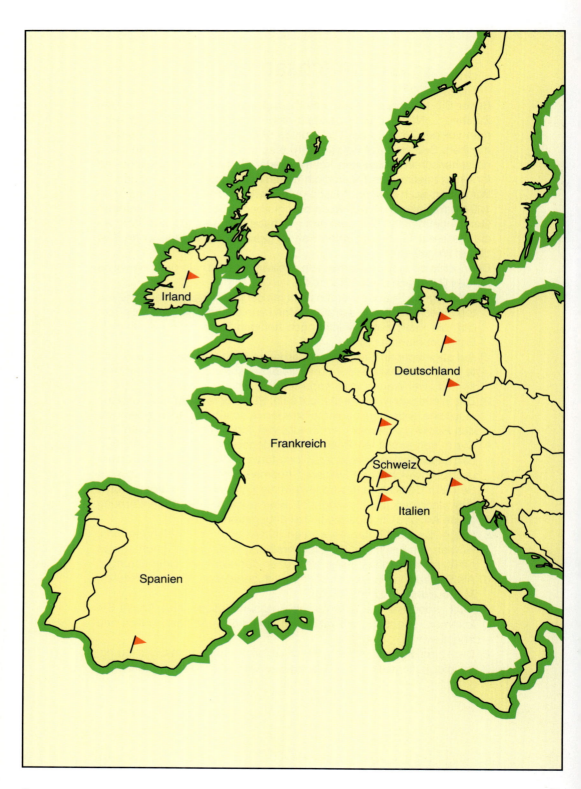

INHALT

Vorwort .... Seite 5

Gebrauchsanleitung .... Seite 7

Inhalt .... Seite 9

Elsaß
Spaß in schwerem Gelände .... Seite 10

Vorderrhön
Wo die Wochenenden zu kurz sind .... Seite 26

Vor den Toren Hamburgs
Im Land der Störche .... Seite 36

Wallis
Gletscher, Wein und hohe Berge .... Seite 42

Lüneburger Heide
Nur zum Wandern fast zu schade .... Seite 60

Irland
Land unter auf der grünen Insel .... Seite 68

Trentino
Schotter und ein wenig Nervenkitzel .... Seite 86

Andalusien
Hitze, Staub und leere Straßen .... Seite 102

Piemont
Grenzforts im Westen .... Seite 122

Vorschau .... Seite 137

Impressum .... Seite 144

ELSASS

Spaß in schwerem Gelände

Elsaß - bei diesem Namen denkt man zuerst an gutes Essen, hervorragenden Wein, schöne Städte wie Straßburg, Colmar und Mühlhausen, gemütliche Dörfer und freundliche Menschen. Doch das Elsaß hat auch eine wildromantische Landschaft zu bieten, weite Teile unberührter Natur, tiefe Wälder, saftige Wiesen und mittelhohe Berge. Eigentlich war es Peter, der uns hierher gelockt hat. Peter, Geschäftsführer von „tour extrem", besitzt ein Haus mitten in den Vogesen, ein Schulungsheim für sogenannte „outdoor"-Seminare. Streßgeplagte Manager lernen hier die praktische Umsetzung von Schlagworten wie Teamgeist, Durchsetzungsvermögen, Entscheidungsfähigkeit, Initiative oder Selbstvertrauen. Was in klimatisierten Tagungsräumen so leicht über die Lippen kommt, stellt sich in einer verregneten Nacht mitten im Wald schon ganz anders dar.

Peter hatte von den Vogesen geschwärmt und ein Satz hatte uns besonders gelockt: „Alle Strekken, die nicht ausdrücklich gesperrt sind, dürfen befahren werden und davon gibt es jede Menge." Na gut, der Hohlweg mitten im Wald war nicht gesperrt gewesen und trotzdem kehren wir um. Der Regen der vergangenen Tage hat den Boden derart durchweicht, daß sich unsere Reifen trotz Untersetzung und Sperren im-

Entlang der deutsch-französichen Grenze erstreckt sich das Elsaß.

mer tiefer fressen. Das Profil ist längst zu, vorsichtig rutschen wir rückwärts den Hang wieder runter. Aufgeschoben ist nicht aufgehoben, immer wieder locken tief ausgefurchte Wege. Hier können wir nichts kaputt machen, die Spuren weisen eindeutig auf intensiven Forstbetrieb hin. Das Wasser steht fast knietief in den Rinnen, rechts und links bleibt kaum Platz zum Manövrieren, große Steine stellen sich zusätzlich erschwerend in den Weg. Nur gut, das der G um einige Zentimeter höhergelegt ist, die zusätzliche Bodenfreiheit ist jetzt Gold wert. Vorsichtig geht es Meter um Meter weiter. Wie lauten noch

Von leichten Schotterpisten bis zu schwerem Gelände ist im Elsaß alles zu finden.

Knapp 1000 Meter hoch sind die Berge im Elsaß.

die Schlagworte der Manager-Schulung? Selbstvertrauen und Initiative, Durchsetzungsvermögen und Entscheidungsfähigkeit! Wir praktizieren die praktische Umsetzung und kommen durch.

Spielereien in schwerstem Gelände sind fast hinter jeder Ecke möglich. Nur ganz selten stehen Verbotsschilder am Pistenrand. Und wenn es nach links nun mal nicht weitergeht, biegen wir eben rechts ab. Irgendwie geht es immer weiter, einfach der Nase nach, die die Generalrichtung vorgibt. Doch dann ist wirklich Schluß. Bei einer kleinen Auberge auf halbem Weg hoch zum Petit Ballon stehen wir mitten auf dem Hof zwischen Hühnern und Hunden. Auch egal, es ist Mittag und der Besitzer verkauft an die Touristen, die sein Schild, rund zehn Kilometer zurück, angelockt hat, Suppe und eine Art Kesselfleisch. Die Sonne scheint, der Blick geht weit über das Tal. Schnell sind wir im Gespräch, nur gut, daß weite Teile des Elsaß zweisprachig sind. Als wir dem Wirt erklären, daß wir nach dem Essen umdrehen und auf den normalen Weg zurück wollen, besteht er darauf, daß wir seinem Sohn folgen und weiterfahren. „Es sind nur noch rund 400 Meter hier schräg über die Wiese, dann seid ihr wieder auf einem Fahrweg", meint er und grinst dazu verschmitzt über das ganze Gesicht. Wo ist der Haken? „Habt euch nicht so, ich bin mit meinem Karren auch schon dorthinauf gefahren." Wenn das so ist! Wir warten auf seinen Sohn. Als er um die Ecke knattert, ist uns klar, daß er die Strecke leicht bewältigt. Er hockt auf einer dieser kleinen Zugmaschinen mit tiefem Schwerpunkt und Spezialreifen. Wir winken dankend ab und geben uns geschlagen.

Doch das Elsaß bietet nicht nur schwieriges Gelände. Unzählige schöne Schotterpisten führen kilometerlang durch die Wälder, kleine, schmale, asphaltierte Sträßchen winden sich die Mittelgebirge hoch, verbinden ein Tal mit dem anderen. Zudem bedeutet eine Fahrt durch das Elsaß auch immer ein kulinarisches Erlebnis. Zahlreiche kleine Gasthäuser locken mit vorzüglichem Wein, Käse aus der Region und anderen Köstlichkeiten. So fällt es manchmal schwer, wieder in den Wagen zu steigen und sich der nächsten Herausforderung zu stellen.

Jürgen Hampel

Elsaß

Elsaß

Roadbook I

In Champdray ist das Ausbildungszentrum von Tour-Extrem. Dort startet die erste Tour.
Im Ort kennt jeder das Zentrum.

km	Ort	Fahrtrichtung	Anmerkung/Tips
0,00	Tour Extrem Champdray Ausbildungszentrum	Champdray	
0,70/0,70	Y	→	
0,80/0,80	Ortsanf. Champdray		
1,10/0,30	✗	→	Stoppschild/Kirche liegt auf der rechten Seite
1,10/0,00	Y	← Donmeix	
1,20/0,10	Y	→	
1,50/0,30	✗	←	
2,80/1,30		←	
3,30/0,50	✗	←	
3,90/0,60	✗	→	
4,10/0,20	✗	←	Achtung! Sehr verwachsen, Äste können am Lack kratzen!
4,40/0,30	✗	→	
4,50/0,10	Y	→	
5,10/0,60	✗	←	
6,00/0,90	✗	→	auf Teerstr.
7,00/1,00	✗	→	
7,90/0,90	✗ Stoppschild	← D 423	
9,30/1,40	Ortsanf. Anmontzey	↑	

Kleine Details am Rande.

Das Elsaß ist berühmt für seine Weine.

Elsaß

11,20/1,90	Ortsanf. Laveline		
11,80/0,60	✗	→	
12,20/0,40	Y	←	
12,50/0,30	Y	→	
12,70/0,20			über Brücke u. Gleise
12,80/0,10	Y	→	
13,20/0,40	✗	→ D 60	
14,20/1,00	✗	← D 81	
14,30/0,10		← gleich die nächste	
14,50/0,20		→ weiter auf Teerstr.	
15,10/0,60	Y	←	unbefestigte Str.
16,00/0,90	✗	↑	
18,50/2,50	✗	→	
18,70/0,20	Y	↑	
20,50/1,80	✗	↑	
20,60/0,10	✗	↑ Route Forestiere de Plateaux	
21,80/1,20	Y	↑	
22,00/0,20	Y	↑	
22,90/0,90	Y	↑	
23,70/0,80	✗	↑	
24,00/0,30	Y	↑	
24,20/0,20	Beginn Teerstr.	→	
24,50/0,30	✗	→	
25,10/0,60	Ortsanf. Biffontaine		Ende

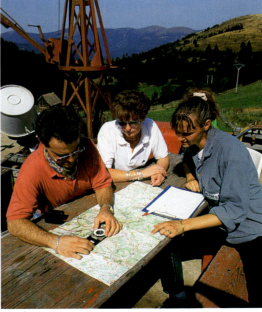

Kartenstudium ist angesagt.

Elsaß

Roadbook II
Ausgangspunkt ist Biffontaine, in der Nähe von Champdray.

km	Ort	Fahrtrichtung	Anmerkung/Tips
0,00	Kirche Biffontaine		
0,10/0,10	✘	← D 81	
0,60/0,50	Ortsausg. Biffontaine		
2,20/1,60	L'Epaxe(Ortsschild)	↑	
4,20/2,00	✘ La Houssiere	↑	
5,80/1,60	Ortsanf. Vanemont		
6,10/0,30	✘	↑	
6,40/0,30	✘	← D 31	
6,70/0,30	✘ Ortsende Vanemont	←	
7,00/0,30	✘	→	
7,10/0,10	Y	→	
7,30/0,20	Dreiergabelung	↑ Route Forestiere de Marmonfosse	
8,30/1,00	Y	←	
8,40/0,10			Ende Teerstr.
8,60/0,20	Y	↑	
8,90/0,30	Y	←	
9,60/0,70			Beginn Teerstr.
9,70/0,10			Ende Teerstr.
10,70/1,00	✘	→	
11,60/0,90	✘	→	
12,70/1,10	✘	→	Gedenkstein
13,60/0,90	✘	→	
15,30/1,70	✘	↑	Beginn Teerstr.
15,90/0,60	Y	↑	
17,20/1,30	✘	← Route Forestiere de Marmonfosse	
20,50/2,70	✘ D 420		Ende

Roadbook III
Diese Strecke kann an Roadbook II angehängt werden.

km	Ort	Fahrtrichtung	Anmerkung/Tips
0,00	Les Rouges-Eaux Friedhof Kirche		
0,10/0,10		↑	Gedenkstein auf der rechten Seite
0,50/0,40	✘	→	
1,20/0,70	✘	→ D 7	
7,90/6,70	✘	↑	
9,50/1,60	Ortsanf. La Bourgonce		
10,00/0,50	✘	← La Salle	
10,2070,20	✘	←	
10,70/0,50	Y	→	
11,70/1,00	Y	→	

12,00/0,30	X	↑	
12,80/0,80	Y	←	
12,80/0,00	Y	↑	
14,40/1,60	Y	←	
16,00/1,60	X	→	
16,50/0,50	X	←	Brunnen/Rastbank
17,10/0,60	X	↑	
17,30/0,20	X	→	
18,20/0,90	X	↑	
20,10/1,90	Y	←	
22,40/2,30	X	↑	Forsthaus MF Gondremer auf der rechten Seite
24,70/2,30	X	← Autrey C 1	Insel mit Jesus-Kreuz
26,60/1,90	X	→ Autrey C 6	
30,20/3,60	X	← D 50	Auberge für Pause gute Käseplatten Ende

TOUR OffRoad

DIE WELT 4x4 ER-FAHREN

Geländewagenreisen für Selbstfahrer, weltweit!

Mit eigenem oder Miet-4WD-Kfz.

Solides Niveau von pur bis light.

Tour Extrem GmbH

Telefon: (06182) **2 51 13**
Telefax: (06182) 2 15 49

Bitte kostenlosen Farbkatalog anfordern!

Elsaß

Roadbook IV
Rund um den Col de la Schlucht.

km	Ort	Fahrtrichtung	Anmerkung/Tips
0,00	Xonrupt/Longemer Center	Abfahrt „Auberge de Jeunesse" La Roche du Page Aus Richtung Geradmer → Aus Richtung Colmar ← Route des Fies hoch	
0,30/0,30	✗	↑ Route des Fies	
0,90/0,60	✗	↑	
2,10/1,20	✗ Stoppschild	↑	
3,20/1,20	✗	← Cletzy Fraize D 73	
4,40/1,20	über Brücke		
5,00/0,60	✗	→ Route Forestiere Louis Francois	
7,40/2,40	✗	↑	
9,85/2,45	✗	→ Route Forestiere du Sency	
10,20/0,35	✗	←	
11,00/0,80	✗	↑ leicht → hoch	
12,40/1,40	✗		Schutzhütte → = 0,00
steil, rechts den Berg hoch, gibt es eine Strecke zum Üben, ca. 250m Hohlweg, dann umdrehen oder zu Fuß zum Gipfel			
0,00	Schutzhütte	↑ bergab	
2,80/2,80	Ortsanf. Habeaurupt		
3,00/0,20	✗ Stoppschild	←	über Brücke
3,05/0,05		→ bergauf	
3,80/0,75	Y	→	
5,50/1,70	kl. Ort	scharf ← hoch vor den Häusern	
5,75/0,25	Y	scharf →	
6,60/0,85	✗	↑ Plateau	
7,10/0,50	Y	→	
8,00/0,90	✗	↑	
9,00/1,00	✗	→	
9,60/0,60	✗	↑ Refuge Victor auf der linken Seite	
10,70/1,10	Y	→ hoch	
10,90/0,20	✗	→ Treffen auf Teerstr. weiter auf Teerstr.	
12,30/1,40	Col de Louchpach	weiter auf Teerstr.	
15,20/2,90	✗	← Lac Blanc	
16,20/1,00			Lac Blanc auf der rechten Seite
16,75/0,55			Parkplatz Lac Blanc
17,90/1,15		→ Lac Noir	
18,15/0,25	✗	→	
19,20/1,05			Lac Noir = 0,00
0,00	Lac Noir		

Elsaß

1,10/1,10	Y	→ Orbey	
1,30/0,20	✘	→ Orbey	
4,60/3,30	✘	→ Munster	
5,70/1,10	✘	→ Munster	
7,30/1,60	✘	↑	
9,00/1,70	✘	↑	Col de la Wettstein
14,30/5,30	Û	D 417 Soultzeren	Ende

Roadbook V
Alternativstrecke über Col du Sattel nach Muhlbach

km	Ort	Fahrtrichtung	Anmerkung/Tips
0,00	Stosswihr		Marienstatue vor weißer Kirche etwas abseits von der Hauptstraße.
1,20/1,20	Y	←	
1,40/0,20	Y	←	
2,00/0,60	Y	←	
2,80/0,80		↑	
3,20/0,40	Y	↑ ← halten	
3,55/0,35	Y	→ Sattel	
4,30/0,75	Y	→	
5,20/0,90	✘	← Jugendheim	
5,30/0,10	✘	→	
5,40/0,10	✘	↑	
6,90/1,50	Y	↑ ← halten	
7,00/0,10	✘	↑	
7,60/0,60	✘	← Treffen auf Teerstr.	
8,90/1,30	Ortsanf. Muhlbach		Ende

Roadbook VI
Ausgangspunkt ist eine große Kreuzung in Geradmer in Richtung Colmar.

km	Ort	Fahrtrichtung	Anmerkung/Tips
0,00	Geradmer Kreuzung von Geradmer von Xonrupt „Boulevard de la Jamagne"	Colmar Stadt kurz nach Ortseingangs- bzw. Ortsausgangsschild Les Xettes	Verkehrsinsel/Tankstelle Peugeot u. Talbot Händler
0,90/0,90		→	
1,00/0,10	X	← Rue de la Haie Griselle	
1,50/0,50	X	→	
2,20/0,70	Y	←	
2,60/0,40	X	← Chemin de Genievres	
3,25/0,65	X	→ hoch	
3,40/0,15	X	↑	
4,50/1,10	X	↑ ← halten	
4,50/0,00	Y	Ferme Auberge Chemin du Grand Liezey	Schild 12t
8,70/4,20	X	→	
8,80/0,10	Y	→	
9,00/0,20		→	
9,50/0,50	Y	←	
10,20/0,70			Schild: Bei Nacht gesperrt! (nuit)
11,40/1,20	Y	→	
11,50/0,10	X	→	
11,60/0,10	Y	→	
12,30/0,70	X	→ und wieder →	
12,55/0,25	Y	↑	
13,00/0,45	X	→	
13,85/0,85	Y	←	
14,05/0,20	X	←	
15,75/1,70		↑	
16,70/0,95	X	←	
16,85/0,15	X	↑ → halten	
16,95/0,10		←	Schild: Bei Nacht gesperrt!
17,00/0,05	Y	→	
18,05/1,05	Y	↑	
18,35/0,30	X	← Treffen auf Teerstr.	
19,05/0,70		Ortsanf. Ganges	Ende

AUF EINEN BLICK

Geografie

Das Elsaß erstreckt sich von der Schweiz im Süden über eine Länge von 180 Kilometern nach Norden. Die Ausdehnung nach Westen beträgt vom Rhein aus 40 bis 50 Kilometer. Der höchste Berg ist der Grand Ballon mit 1424 Metern. Im Elsaß leben 1,6 Millionen Menschen. Die größten Städte sind Strasbourg, Mulhouse und Colmar, die wichtigsten Wirtschaftszweige Mechanik-, Elektro-, Nahrungsmittel- und Textilindustrie.

Geschichte

Das Elsaß blickt auf wechselvolle Zeiten zurück. Ursprünglich gehörte das Land vor Christus zum keltischen Siedlungsraum. Julius Caesar verleibte es dem römischen Imperium ein. Die Bevölkerung mußte immer häufiger alemannische Einfälle über sich ergehen lassen, bis sich die Alemannen selbst im Elsaß niederließen und das Gebiet ein Herzogtum innerhalb Frankreichs wurde. 870 erhielt Ludwig der Deutsche das Elsaß zugesprochen. In den darauffolgenden Jahrhunderten wurde es Teil des Herzogtums Schwaben und später an die Staufer verliehen. Erst nach dem Dreißigjährigen Krieg kam das Elsaß wieder an Frankreich. Nach dem deutsch-französischen Krieg von 1870/71 mußte Frankreich das Gebiet bis zum Ende des Ersten Weltkrieges an Deutschland abtreten. Während des Zweiten Weltkrieges wurde die Region dem Deutschen Reich angegliedert, nach Kriegsende war das Elsaß endlich wieder französisch.

Offroadfahren

Etwas vereinfacht könnte man sagen: Alles, was nicht verboten ist, ist erlaubt, solange es sich um einen Fahrweg und keinen Wanderweg oder Trampelpfad handelt. Landschaftlich besonders reizvoll sind die einfach zu befahrenden Schotterpisten, die auf den Mittelgebirgskämmen verlaufen oder die Täler miteinander verbinden. Hiervon abzweigende, erlaubte Fahrspuren erfordern nach regenreichen Tagen mehr als die übliche serienmäßige Fahrzeugausstattung und sind für Anfänger nicht geeignet.

Reisezeit

Ganzjährig, wobei man je nach Jahreszeit eventuell witterungsbedingte Abstriche machen muß.

Einreise

Personalausweis oder Reisepaß, Führerschein, Fahrzeugschein und grüne Versicherungskarte sollten in der Brieftasche stecken, auch wenn nirgendwo kontrolliert wird.

Anreise

Alle Wege führen über die A 5 Karlsruhe - Basel. Für das hier beschriebene Reisegebiet verläßt man die Autobahn am besten im Raum Freiburg, um dann nach Westen weiterzufahren.

Verständigung

Ein paar Brocken französisch sollte man schon mitbringen, allein schon als Geste gegenüber dem Gastland. Darüberhinaus ist im zweisprachigen Elsaß natürlich deutsch weit verbreitet.

Unterkunft

Gemütliche Hotels und Gasthäuser (Auberges) mit zivilen Preisen findet man überall. Genauere Auskünfte erteilt das Französische Verkehrsbüro in Frankfurt, Kaiserstrasse 12, Telefon: 069/ 7560830, sowie für das Ober-Elsaß die „Association du Haut Rhin", 9, rue Bruat, 68006 Colmar, Telefon: 89232111 und für das Unter-Elsaß das „Office Departemental du Tourisme du Bas-Rhin", 9, rue du Dome, 67061 Strasbourg, Telefon: 88220102.

Tip

Nicht ganz billig (815 Franc für vier Personen, allerdings mit Getränken), dafür aber erstklassig haben wir im Hotel-Restaurant „Du Pont" in Metzeral gegessen. Beides ist kein Wunder, ist der maitre doch ein Schüler von Paul Haeberlin. Der Chef ist ein Autofanatiker, bei dem allerdings nicht die Geländegängigkeit, sondern das Alter im Vordergrund steht: er sammelt Oldtimer. Wenn Sie ihn danach fragen, er hat immer ein Foto in der Tasche. Derzeit wird das Hotel um ein paar Appartements erweitert.

Verpflegung

Das Elsaß hat von den herzhaften regionalen Speisen bis hin zur Nouvelle Cuisine alles zu bieten. Dabei reißen die Preise in den einfachen Landgasthäusern keineswegs einen Krater ins Portemonnaie. Vom Frühstück waren wir übrigens nicht enttäuscht. Es war überall reichhaltig und gut.

Devisen

Für rund 30 DM kann man derzeit rund 100 Francs eintauschen.

Benzin

Die Benzinpreise liegen nur geringfügig über dem deutschen Niveau.

Karten / Literatur

Für die Reiseplanung eignet sich die Generalkarte aus Mairs Geographischem Verlag im Maßstab 1: 200 000. Etwas genauer ist die Euro-Tour-Karte Elsaß/Vogesen aus dem RV Verlag im Maßstab 1: 175 000. Noch exakter sind die vor Ort erhältlichen Karten in den Maßstäben von 1: 50 000 und 1: 25 000. Allerdings ist auch mit ihnen ein guter Orientierungssinn erforderlich, da es diesen Karten stellenweise an Aktualität mangelt.

Als guter Reisebegleiter hat sich wieder einmal der handliche Reiseführer aus der Marco-Polo-Reihe über das Elsaß erwiesen. Und wer alles noch vertiefen möchte, greift zum entsprechenden APA-Guide.

Nach regenreichen Tagen ist der Matsch recht tief.

VORDERRHÖN

VORDERRHÖN

Wo die Wochenenden zu kurz sind

Während in der Hohen Rhön viele Ortschaften fest in Besucherhänden sind, scheint die Vorderrhön touristisches Neuland zu sein. Dabei bietet diese idyllische Mittelgebirgslandschaft mit ihren fast unzähligen Offroadpisten alles, was das Herz eines Geländewagenfahrers begehrt. Zwei bis drei Tage sind denn auch entschieden zu wenig, um an einem Wochenende alles zu entdecken.

Wir sind nun schon zum dritten Mal hier. Anfang Februar wühlte unser alter Vitara im Schnee, zu Ostern entdeckten wir neue Pisten und jetzt, im Sommer, sind wir hier mit Claudia und Matthias

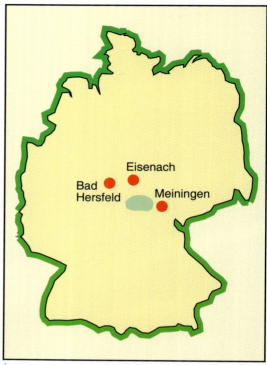

Die Vorderröhn ist fast noch touristisches Neuland.

verabredet. Den frühen Samstagvormittag vertreiben wir uns mit Spaziergängen rund um unser Hotel. Zum schönsten Aussichtspunkt der Gegend braucht man nur einmal lang hinzufallen, schon steht man auf dem 814 Meter hohen Ellenbogen. Vom Hinterausgang unserer Unterkunft sind es gerademal 50 Meter bis dorthin.

Zu unserem Erstaunen ist das Hotel trotz allgemeiner Ferienzeit nicht voll belegt. Die Wirtsleute, zu denen wir inzwischen ein freundschaftliches Verhältnis haben, erzählen, daß, anders als wir vermutet hatten, keineswegs im Sommer der große Ansturm der Sonnenanbeter und Wanderer eingesetzt hätte.

Auf den Straßen und Fahrwegen rund um die Hohe Geba und den Diesburg sind wir praktisch allein. Auch auf unseren Offroadstrecken außerhalb der Ortschaften sind die Pisten wie leergefegt. Doch halt! Zwischen Zillbach und Rosa begegnen wir einem Trabi. Seine Besatzung ist Mitglied in einem örtlichen Automobilclub. Wir staunen über die Geländegängigkeit des Zweitakters.

Von einem Hochsitz bietet sich eine ungewohnte Perspektive.

Auf der Piste aus dem Rosabachtal heraus in Richtung Zillbach ist im Hohlweg eine Böschung abgerutscht und hat die Hälfte der Fahrspur zugeschüttet. Ein Ausweichen ist nicht möglich. Mit Allradantrieb und Geländeuntersetzung spuren unsere Jeeps neue Fahrrinnen durch die Erdhaufen. Nachdem wir oben sind, meint der mit allen CJ-Wassern gewaschene Matthias respektvoll über diese Passage:" Hier kommt nicht jeder durch!"

Obwohl wir glauben, hier schon fast alles zu kennen, entdecken wir immer wieder Neues. Auf den Diesburg führt durch dichten, dunklen Mischwald ein steiler Fahrweg hinauf. Oben stehen wir vor einem Beobachtungsturm, der offensichtlich bis 1989 von staatlichen Überwachungsorganen betrieben wurde. Reste eines Zaunes und Gebäudefundamente rundherum sind noch zu erkennen. Es ist schon erstaunlich, wie schnell der Zahn der Zeit alles zuwachsen läßt. Schilder, die etwas erklären oder verbieten, gibt es nicht. Der Turm selbst macht den Eindruck stabiler deutscher Wertarbeit. Ich wage mich an den Aufstieg und werde mit einer tollen Aussicht über die Baumgipfel hinweg belohnt.

Seit unserem letzten Aufenthalt hat sich in der Vorderrhön fast nichts verändert. Jetzt, im Sommer, sind die Wege etwas trockener, dafür aber mehr zugewachsen. Im Frühling und Herbst geht es auf den Pisten ausgesprochen rutschig zu.

An so mancher Stelle staunen wir, was unser Suzuki vor einigen Monaten alles geleistet hat und zu unserer Freude sind einige Waldwege, die im Frühjahr wegen Waldarbeiten gesperrt waren, wieder frei befahrbar.

Beim Abschied wissen wir mit Sicherheit: die Zeit war wieder einmal zu kurz. Beim nächsten Mal planen wir auf den schmalen, kurvigen Landstraßen mindestens einen Abstecher nach Eisenach zur Wartburg ein. Denn neben den Spuren der jüngsten Vergangenheit lassen sich auch „Ausflüge" in die ältere Geschichte machen. Wir freuen uns schon darauf.

Peter Böhlke

Allerlei Federvieh säumt die engen Straßen.

Roadbook I

km	Ort	Fahrtrichtung	Anmerkung/Tips
0,00	Wohlmutshausen, abknickende Vorfahrtstr.	Torgasse	
0,20/0,20	Y	←	
0,70/0,50	abzweigender Weg	→ und ↑	
0,90/0,20	Y	→	
2,30/1,40		→ bergauf, Verlauf d. Waldrandes folgen	vom Wald kaum erkennbarer Weg
2,70/0,40	Einsattelung	scharf ← bergauf	
3,90/1,20	Diesburg	zurück zur Einsattelung	
5,10/1,20	Einsattelung	← bergab, Oberkatz	
6,50/1,40	Ort Oberkatz		Ende

Roadbook II

km	Ort	Fahrtrichtung	Anmerkung/Tips
	aus Oberkatz/Kaltennordheim kommend	durch Kaltenlengsfeld	
0,00	Kaltenlengsfeld, nach Ortsausgang in der Linkskurve	→ Feldweg	Meilenstein
0,20/0,20	Y	←	
0,50/0,30	✗	↑	
3,50/3,00	Oepfershausen		Ende

Roadbook III

km	Ort	Fahrtrichtung	Anmerkung/Tips
0,00	Rosa, Vorfahrtstr.	Ernst-Thälmann-Str.	
0,40/0,40	Y	←	
0,70/0,30	Y	←	
1,20/0,50	Y	←	
1,40/0,20	Y	↑ → halten	
1,90/0,50		← Waldrand entlang	
2,90/1,00	Y	→	
3,40/0,50	Y	→	
3,50/0,10	✗	→	vor Gärtnerei
5,00/1,50	Zillbach		Ende

Vorderrhön

Auf den Weiden stehen schöne Pferde.

Vorderrhön

Auch Angler finden in der Vorderrhön ihr Revier.

Vorderrhön

AUF EINEN BLICK

Geografie
Das Reisegebiet erstreckt sich von der Grenze zwischen der Hohen Rhön und der Vorderrhön in Richtung Norden in den dünn besiedelten Landkreis Meiningen hinein.

Geschichte
Die Gegend wurde vermutlich wegen des rauhen Klimas und des für damalige Verhältnisse relativ unfruchtbaren Bodens erst um 1000 vor Christus besiedelt. Aus den nachweisbar befestigten Plätzen leitet sich zum Beispiel der Bergname Diesburg ab. Im Bauernkrieg 1525 kämpfte die Bevölkerung auf der Seite der aufständischen Bauern und verlor. Von 1680 bis 1918 war Meiningen Residenz der Herzöge von Sachsen-Meiningen. Nach 1945 war die Region Grenzgebiet, was mit vielen, heute noch deutlich spürbaren infrastrukturellen Einschränkungen verbunden war.

Landschaft
Die Vorderrhön ist durch viele, isoliert stehende Berge und Hügel gekennzeichnet. Dazwischen prägen dichte Wälder, grüne Wiesen, vereinzelt landwirtschaftlich genutzte Flächen und kleine Ortschaften das Bild.

Kunst / Kultur
Viele Orte wurden bereits vor mehr als 1000 Jahren urkundlich erwähnt. Alte Kirchen sind zum Teil im Wehrkirchenstil erbaut. In und um Helmershausen lohnen das Rote und Gelbe Schloß, sowie die Ruinen Hutsberg und Henneberg einen Besuch. Wer an einem Theater- oder Konzertbesuch interessiert ist, sollte nach Meiningen fahren.

Offroadfahren
Auf den Geländewagenfahrer warten neben geschotterten Landstraßen unzählige Feld- und Waldwege.
Einige Passagen können nach Regenfällen schwierig werden. Die Bevölkerung hat viel Verständnis für die Allrad-Freunde. Wir sollten deshalb wirklich alles tun, damit uns dieses Eldorado erhalten bleibt.

Unterkunft *zwischen Frankenheim und Reichenhausen*
Es gibt praktisch nur das „Eisenacher Haus", Telefon: 036946/30215. Die Preise liegen im Berggasthof bei DM 90,– für das Doppelzimmer mit Frühstück. Da sich in den mit drei und vier Betten ausgestatteten Zimmern der Übernachtungspreis bei voller Auslastung der Bettenzahl pro Zimmer reduziert, ist dieses Quartier auch eine gute Alternative für Geländewagenvereine.

Verpflegung
Gute Hausmannskost gibt es überall dort, wo Essen angeboten wird. Wer Appetit auf Kaffee und Kuchen hat, sollte einen Abstecher von Leimbach über die reizvolle Naturstraße zum Berggasthof „Hundskopf" machen.

Reisezeit
Ganzjährig.

Anreise
Aus dem Westen über die Autobahnen A 5 und A 7 bis zur Anschlußstelle Hünfeld/Schlitz.
Aus dem Norden und Süden zur selben Ausfahrt und dann weiter über Hünfeld, Hilders und Frankenheim.
Von Osten über die Autobahn A 4 bis zur Anschlußstelle Gerstungen/Obersuhl und dann über Dorndorf und die B 285 nach Süden.

Karten / Literatur
Deutsche Autokarte, 1 : 200 000, Blatt 15, RV Verlag.
Generalkarte Bundesrepublik Deutschland, Maßstab 1 : 200 000, Blätter 11 und 13, Mairs Geographischer Verlag.
Der Reiseführer „Thüringen" aus der Marco-Polo-Reihe widmet der Vorderrhön ein Kapitel.

Gelände
Reisen
ganze

Jeden Monat neu!

Außerdem viel News aus der Szene, Testberichte über die neuesten Geländewagen, Technik, Erlebnisberichte von Abenteuerreisen und aktuelle Rallyereportagen sowie Termine und umfangreiche Berichte von Clubveranstaltungen, und fast in jedem ALLRAD ABENTEUER gibt's wertvolle Preise zu gewinnen.

Ein Schnupperabo (3 Hefte) kostet nur DM 10,–
Bestellungen richten Sie an HeKo-Verlag
Postfach 30 25, 65020 Wiesbaden

...wagen-
...aus der
...n Welt

1Y 12493 E

L 8,– BFR 150 LFR 150,–
9100 DR 1300 ESC 770,–

LLRAD
ABENTEUER

...GAZIN FÜR GELÄNDEWAGEN, REISEN & RALLYES

...erung für die Konkurrenz

VOR DEN TOREN HAMBURGS

VOR DEN TOREN HAMBURGS

Im Land der Störche

Im Grenzgebiet der ehemaligen DDR zwischen Boizenburg und Schnackenburg hat sich die Landschaft abseits der Hauptstraßen ihre Ursprünglichkeit bewahrt. Auch den Störchen scheint es hier zu gefallen. Nebenbei gibt es auch noch ein bißchen Mittelalter zum Anfassen.

Fast ist man versucht zu sagen, man würde mit seinem Allrad-Fahrzeug auf historischen Pfaden wandeln. Doch genau genommen fährt man und kreuzt sie nur. Dennoch: im schleswig-holsteinischen Schnakenbek quert die Alte Salzstraße die B 5. Die Straße trägt tatsächlich heute noch diesen Namen. Früher wurde auf ihr das in den Salinen Lüneburgs gewonnene Salz nach Lübeck transportiert. Unterhalb des Geesthanges mußten die Fuhrleute mit ihren Gespannen die Elbe durchfurten. Den Elbübergang sicherte vor über 800 Jahren die Ertheneburg. Sie gehörte dem Sachsenherzog Heinrich dem Löwen. Nachdem er mit seiner für das Mittelalter untypischen Geschäftstüchtigkeit zu viel Macht und Einfluß gekommen war, blieb darüber der Streit mit Kaiser Friedrich Barbarossa nicht aus. Der

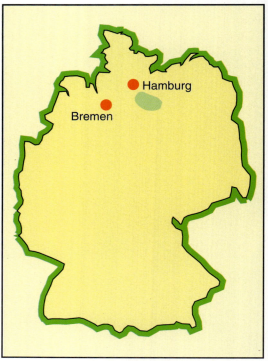
Im hohen Norden liegt noch unberührte Landschaft.

Streit eskalierte, Heinrich mußte fliehen und auf der Flucht vor den kaiserlichen Häschern zündete der Herzog die Burg an. Leider wurde nichts mehr aufgebaut. Zu sehen sind nur noch der zugewachsene Ringwall und der Burggraben. Wer dem nichts abgewinnen kann, den beeindruckt an dieser Stelle bestimmt die Aussicht auf die Elbe.

Ein paar Kilometer weiter kann der Besucher in Lauenburg Mühlenmuseum, Altstadt, Schiffsmuseum und die Palmschleuse besichtigen. Die Palmschleuse war Bestandteil des mittelalterlichen Stecknitz - Delvenau - Kanals. Dieser wurde zwischen 1390 und 1398 fertiggestellt. Für den Warentransport bedeutete er einen erheblichen Zeitgewinn gegenüber dem Landweg. Dieser Wasserweg war gewissermaßen der Vorgänger des heutigen Elbe - Lübeck - Kanals.

Hinter Boizenburg beginnt unsere Geländewagenroute. Sie ist zu jeder Jahreszeit problemlos zu befahren. Gefragt sind gelegentlich etwas Bodenfreiheit und nach heftigen Regenfällen der

Die unbemannte Palmschleuse an einem alten Kanal.

Allradantrieb an den besonders aufgeweichten Stellen.

Im Naturpark Elbetal schweift der Blick bis zum Horizont. Nur gelegentlich versperren kleine Dünen, ein paar Sträucher und einzelne Bäume die herrliche Fernsicht. Kurz vor Soltow eine Überraschung: auf den Feldern links und rechts der Straße stehen an die dreißig Störche. Sie lassen sich nicht einmal von den auf den Feldern mit schweren Traktoren arbeitenden Bauern stören. Wahrscheinlich servieren die abgemähten Felder das beste Futter.

Der asphaltierte Fahrweg auf dem alten Deich zwischen Soltow und Neu Wendischthun ist schmal und holprig. Er führt durch ein an kleinen Wasserläufen und Tümpeln reiches Feuchtgebiet neben der Elbe. Einige wenige reetgedeckte Klinkersteinhäuschen runden das Bild ab. Hinter Stapel leitet der Weg durch den Forst Karrenzien. Im weiteren Verlauf wechseln sich Felder und bewaldete Flächen ab. Ein besonderer Fahrgenuß sind immer wieder die unbefestigten Alleen.

Noch vor zwei Jahren, auf einer früheren Tour, beschäftigte uns immer wieder die Frage, ob denn das alles erlaubt sein konnte, was wir so unter die Räder nahmen. So ganz konnte uns auch die Aussage von Anwohnern nämlich nicht beruhigen, Verkehrszeichen aus der alten DDR-Zeit bräuchten nicht beachtet zu werden. Heute bestehen keine Zweifel mehr. Fast alle Verkehrszeichen sind neu und trennen klar erlaubte von verbotenen Pfaden.

Peter Böhlke

Genaues Kartenstudium ist oft unerläßlich.

Vor den Toren Hamburgs

Roadbook

km	Ort	Fahrtrichtung	Anmerkung/Tips
	von Hamburg kommend, Schnakenbek von B 5	→ „Alte Salzstr."	
	im Wald	← Ertheneburg	
		↑ ehem. Elbfurt	
	Lauenburg		Mühlen- u. Schiffsmuseum, Schiffsanleger, Altstadt sowie Palmschleuse sind ausgeschildert
0,00	B 5	Boizenburg	
0,40/0,40	nach Ortsausgangsschild Boizenburg B 5	→ Gothmann	
1,80/1,40	✗ in Gothmann	→ und wieder ←	Haus mit Aufschrift „Gasthaus Brodersen"
3,60/1,80	Y	→	
4,10/0,50	✗	→	
5,00/0,90	Y	←	
6,50/1,50			Teerstr.
0,00	nächste ✗ Teerstr.	→	
0,60/0,60	✗	→	auf dem Deich verlaufender Weg
3,00/2,40	Y	←	
5,90/2,90		←	
8,40/2,50	„Vorfahrt achten"	← Vorfahrtstr. folgen	
20,20/11,80	querverl. Vorfahrtstr. B 195	→	
	B 195	durch Neuhaus, Dömitz bis Stapel	
0,00	Stapel, Kirche gegenüber Gasthof „Zur Krone"	← Lindenstr.	
0,60/0,60	Y	←	
2,50/1,90	✗	→	
6,80/4,30	✗	←	
9,50/2,70		← „Neu Lübtheen"	
12,50/3,00	✗	↑	
13,50/1,00	✗	→	
15,60/2,10	✗	←	
15,90/0,30	✗	↑	
18,70/2,80	Teerstr.	←	
20,30/1,60	✗	→ Melkof	
22,50/2,20		←	gepflasterter Weg
24,10/1,60	Y	→	
26,60/2,50	✗	↑	
28,50/1,90			Beginn Betonplattenweg
28,70/0,20	✗ Vorfahrtstr.	→	
28,90/0,20	Bahnhof Bralsdorf	↑ über Schienen	
	Bahnübergang	←	
29,10/0,20	abknickende Vorfahrt	←	

Vor den Toren Hamburgs

29,15/0,05	Y	←	
29,55/0,40	Stellwerk vorbei	→ neben Bahnschienen ↑	
33,55/4,00	✗	↑	
35,95/2,40	Bahnhof Kuhlenfeld Vorfahrtstr.	→	
36,85/0,90	B 5	Lauenburg	Ende

AUF EINEN BLICK

Offroadfahren

Die Länge der Wege abseits des Asphaltbandes beträgt rund 35 Kilometer. Wir sind der Überzeugung, daß wir die Strecke guten Gewissens auch jenen empfehlen können, die ihr Allrad-Fahrzeug zum ersten Mal auf unbefestigten Pisten ausprobieren möchten.
Die vorgeschlagene Tour läßt sich an einem Tag bewältigen, wenn man sich bei den Sehenswürdigkeiten nicht allzu lange aufhält.

Unterkunft / Verpflegung

Gasthäuser unterschiedlichen Niveaus findet man ausreichend entlang des Weges. Gut untergebracht ist man im „Hotel Hannover" in Neuhaus/Elbe, Telefon: 038841/278. Hier kostet die Übernachtung mit Frühstück im Doppelzimmer pro Person DM 60,–.

Reisezeit

Ganzjährig

Anreise

Von Hamburg über die Autobahn A 25 und anschließend die B 5.
Von Hannover über die Autobahn A 7 bis zur Anschlußstelle Soltau-Ost und dann über die B 209 nach Lüneburg und Lauenburg oder gleich über die Elbfähre Bleckede/Neu Bleckede.

Karten / Literatur

Deutsche Autokarte, 1 : 200 000, Blatt 7, RV Verlag.
Generalkarte Bundesrepublik Deutschland, Maßstab 1 : 200 000, Blatt 5, Mairs Geographischer Verlag.
Ein Reiseführer, der diese Region ausschließlich oder wenigstens zusammenhängend in einem Kapitel behandelt, ist derzeit leider nicht auf dem Markt.

WALLIS

WALLIS

Gletscher, Wein und hohe Berge

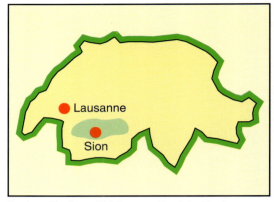

Rund um Sion liegen Weinberge und herrliche Strecken.

Die Sicht wird immer schlechter. War es drunten im Tal vor einer knappen halben Stunde noch der Regen, der für schlechte Verhältnisse sorgte, ist es jetzt, dreissig Minuten später und rund 1000 Meter höher, der Nebel, der für eingeschränkte Sichtverhältnisse sorgt. In dunklen, bedrohlichen, riesigen Fetzen jagen die Schleier über die Straße, die diesen Namen eigentlich gar nicht mehr verdient. In engen Kehren windet sich eher ein asphaltierter Saumpfad höher und höher. Auf der einen Seite die Felswand, auf der anderen Seite ein fahles, graues Nichts. Die Scheinwerfer des Wagens reichen nur wenige Meter weit, dann wird das Licht vom Nebel verschluckt. Nur noch vereinzelt stehen kahle Bäume am Wegesrand. Das unwirkliche Licht verleiht den knorrigen Ästen ein gespenstisches Aussehen. Mit ein wenig Phantasie werden aus Astgabeln riesige Echsen mit langen Schwänzen, die auf den zufällig vorbeikommenden Menschen zu lauern scheinen.

Hier scheint eine Echse zu lauern.

Die Straße nimmt kein Ende. Plötzlich verschluckt uns ein dunkles Loch. Ein unbeleuchteter, geröllübersäter Tunnel nimmt uns auf, der Weg führt durch tiefe Pfützen, vorbei an großen Gesteinsbrocken. Die Seitenwände sind kaum auszumachen, sicher ist nur, daß der Weg gerade einmal einem Fahrzeug Platz läßt. Eine gespenstische Stille, Wasser tropft auf das Dach, das Abblendlicht frißt sich gerade einmal zwanzig Meter voraus. Genauso überraschend, wie uns der Tunnel verschluckt hat, spuckt er uns auch wieder aus.

Ist es Einbildung oder die Hoffnung auf eine Wetterbesserung, die den Nebel plötzlich heller erscheinen läßt? Es ist eine Tatsache. Mit jedem Meter, den wir höher kommen, verändert der Nebel seine Farbe. Vom tiefen Grau bis zu einem lichten Weiß begleitet uns eine Palette, bis die vorher undurchdringlich scheinende Wand von einer Sekunde auf die andere aufreißt und uns in gleißendes Sonnenlicht entläßt. Geblendet von der Helligkeit brauchen die Augen eine Zeit und die Sonnenbrille, um sich an die veränderten Verhältnisse zu gewöhnen. Spätestens in diesem Moment ist uns klar, daß sich der Abstecher hier herauf gelohnt hat. Während das Rhonetal tief unter uns in den Wolken liegt, sind wir in die Gletscherregionen des Wallis eingetaucht, in eine sonnenüberflutete Landschaft, bestehend aus den Farben grün, weiß und einem tiefen Blau.

Plötzlich machen auch die Aussagen in den Prospekten des örtlichen Fremdenverkehrsamtes

Sinn, die das Wallis als sonnenreichste und niederschlagsärmste Region der ganzen Schweiz beschreiben. Wir sind zwar über den Wolken, wo die Freiheit eigentlich grenzenlos sein sollte, doch wir sind auch in der Schweiz, dem Musterländle Europas, sauber und durchorganisiert. So ist es eigentlich keine Überraschung, selbst in über 2500 Metern Höhe immer wieder jene Schilder zu finden, die nur Anliegern das Recht geben, auf Schotterpisten weiterzufahren. Eigenartig nur, daß diese Strecken in einschlägigen Motorrad-Publikationen als Enduro-Leckerbissen beschrieben werden. Wie dem auch sei, die meisten Verbotsschilder sehen aber auch noch fabrikneu aus. Schweren Herzens respektieren wir die offenbar neuen Verbote und bleiben „onroad", was dem Vergnügen übrigens keinen Abbruch tut.

In engen Kehren führt uns der Weg vorbei an einem Gletscher, er durchschneidet saftige Wiesen und windet sich über Geröllhalden, ehe er an einem Stausee sein plötzliches Ende findet. Eine Hütte lädt zur Rast, die Aussicht zum längeren Verweilen. Weit schweift der Blick auf die gegenüberliegende Talseite, wo sich über dem Nebel die Viertausender Schulter an Schulter erheben. Genau 51 Gipfel ragen allein im Wallis über diese magische Grenze.

Das Wallis: abwechslungsreich, spannend und vor allem nahe an der Natur. Entlang kristallklaren Bergseen, durch sonnenversengte Felssteppen, quer durch Hochtäler, über saftige Alpen oder vorbei an steilen Wildpfaden; die Landschaft wechselt mit jeder Minute. Vor rund 2000 Jahren waren die Römer die ersten systematischen Strassenbauer in dieser Region. Nach-

An vielen Stellen jagt das Wasser zu Tal.

Wallis

Vergletscherte Eisriesen über grünen Tälern: Kontrastreiches Wallis.

Wallis

Unvermutet tun sich oft die schönsten Ausblicke auf.

WURZELHOLZ DESIGN
TOYOTA LANDCRUISER HDJ 80

Gestalten Sie ihr
Fahrzeug „wohnlicher"!

Erhältlich bei
ihrem Fachhändler.

dem Caesar die Helvetier besiegt hatte, nahm er die strategisch wichtigen Alpenpässe in Besitz. Das von den Römern in fünf Jahrhunderten aufgebaute Verkehrsnetz umfaßte schließlich rund 70 000 Kilometer und reichte von den britischen Inseln bis nach Indien. Das Wallis lag zentral auf der Ostroute als Verbindung zwischen Como und dem Bodensee sowie auf der Westroute, von Aosta kommend über den Großen St. Bernhard nach Martigny und weiter bis nach Frankreich.

Unsere On-road-Strecken quer durch das Wallis sind aber eher Überbleibsel der Saumpfade der Walser, deren Geschichte vor rund 1000 Jahren im Goms beginnt. Alemannische Siedler, vom Berner Oberland kommend, ließen sich neben dem Goms auch im Saastal nieder. Die Walser gelten heute als die ersten Besiedler des Hochgebirges - als Züchter und Bauern verstanden sie es meisterhaft, in extrem hohen Lagen zu überleben. Ihre Erfahrung ermöglichte ihnen die Gründung immer neuer Kolonien in zuvor nicht oder kaum genutzten Gebirgslagen. Diese außergewöhnliche Leistung wurde schließlich von den Feudalherren, die in den Alpen ihre unfruchtbarsten und damit wertlosesten Ländereien besaßen, belohnt. Die Walser, bis dahin dem Bischof von Sitten „hörig", wurden aus ihrer Dienstbarkeit befreit und man garantierte ihnen den ewigen Besitz der nutzbar gemachten Ländereien.

Wer heute mit dem Auto in die abgelegenen Hochtäler unterwegs ist, kann sich bei etwas Vorstellungsvermögen ausmalen, welche Leistungen die Bergbauern damals bei der Besiedelung vollbracht haben mußten. Mühsam kämpft sich unser Wagen bergan, die Steigungen haben es in sich. Grimentz kommt in Sicht, eng verschachtelt stehen die typischen, mehrgeschossigen Walliser Holzhäuser mit ihren Außentreppen am Hang. Die roten Geranien, die im Überfluß an den Fenstern und Balkonen hängen, sind ein schöner Kontrast zu dem dunkelbraunen, fast schon schwarzen, verwitterten Holz. Es ist schön und nachahmenswert, daß die meisten der Häuser noch bewohnt sind und viele der leerstehenden Gebäude werden gerade renoviert.

Kurz vor Chandolin folgen wir einem Waldweg, der sich aber wieder einmal als Sackgasse ent-

Typische Holzhäuser säumen den Weg.

puppt. Am Wendeplatz, auf einer sonnenüberfluteten Wiese, stehen drei der typischen Holzhäuser am steilen Hang. Junge Leute aus Bern sind gerade dabei, das mittlere Gebäude zu renovieren. Etwas mehr als 150 000 Schweizer Franken hat sie das verfallene Haus gekostet; jetzt heißt es erst einmal, ein oder zwei Jahre zupacken. An diesem Wochenende wollen sie den Kamin setzen. Eine luftige Angelegenheit, doch der Ausblick ist grandios. Bei schönem Wetter reicht der Blick bis zum Matterhorn.

Wir fahren weiter. Ein enges Sträßlein leitet ins Val de Moiry. Hinter Grimentz eine wildromantische Auffahrt, eng am Hang windet sich die Strecke bergan. Plötzlich versperrt eine Staumauer den Weiterweg. Doch die Straßenbau-Ingenieure haben ein Schlupfloch gelassen. Ein Tunnel neben der Staumauer ermöglicht die Fahrt hinauf zum See. Stahlgrau bis türkis schimmert das kalte Wasser, das von Gletschern gespeist wird. Fast unnatürlich erscheint die Farbe. Ein holpriger Pfad folgt dem See, bis nach

Durch sonnenüberflutete Hänge führen die einsamen Wege.

einer Kurve die bläuliche Zunge des Gletschers von Moiry auftaucht. Zum Greifen nahe sind die Eismassen, stahlblau spannt sich der klare Himmel über dem Eis.

Doch dieser Ausblick wird am Stausee von Dixence noch übertroffen. Wie eine Ameise kommt man sich am Fuß dieser gewaltigen Staumauer vor, die sich 285 Meter hoch in den Himmel erhebt. Über eine Länge von fünf Kilometern liegt der Stausee mit einem Fassungsvermögen von 400 Millionen Kubikmetern inmitten der Eis- und Gletscherwelt. Es ist die höchstgelegene Staumauer der Welt, die gigantischste, hydroelektrische Anlage der Alpen.

Dabei begann das Ganze einmal recht bescheiden und mühsam. Das Wallis ist das niederschlagsärmste Gebiet der Schweiz. Was heute dank der modernen Wasserversorgungsnetze kein Problem mehr darstellt, war früher ein Kampf ums Überleben. Um die Wasserversorgung und damit ein Leben in dieser trockenen Region überhaupt möglich zu machen, nahmen die Walser große Strapazen und Gefahren auf sich. Durch unwegsames Gelände und steile Felswände bauten sie kilometerlange Wasserkanäle - die Suonen. Die Arbeit an den Suonen war hart, manchmal sogar lebensgefährlich. Nicht selten wurden deshalb an den besonders kritischen Stellen zum Tode verurteilte Verbrecher eingesetzt. Heute haben die Suonen im Wallis als traditionelle Wasserversorgungsnetze zwar an Bedeutung verloren, doch entlang der geschichtlich bedeutsamen Relikte führen jetzt herrliche Wanderwege durch das Wallis.

Kontrastreiches Land: steigen auf der einen Seite des Tales die Berge steil an, so sind es auf der anderen Talseite die Weinberge, die das Bild bestimmen. Das Wallis ist nämlich der größte Weinbaukanton der Schweiz. Das bedeutende Anbaugebiet erstreckt sich zwischen Leuk und Martigny über eine Länge von mehr als 50 Kilometern. Über 20 000 Menschen bewirtschaften die rund 5000 Hektar Rebberge - fast die Hälfte des gesamten Schweizer Weines stammt aus dem Wallis.

Fendant, Pinot und Dole stehen für höchste Qualität. In Visperterminen reift zudem auf 1000 Metern und damit dem höchsten Weinberg Europas der Heida. Kein Wunder, daß jede unserer Touren abends bei einem typischen Raclette und Walliser Wein ausklingt.

Jürgen Hampel

Holzhäuser auf Stein gebaut – früher hielt diese Bauweise Nager ab.

Wallis

Einsame Bergwiesen reizen zum Verweilen.

Wallis

Roadbook

km	Ort	Fahrtrichtung	Anmerkung/Tips
	Ortsende Sierre	Crans Montana/Aminona	Achtung! es gibt 2 Wege nach Crans Montana 2. Richtung Simplon
0,00	Veyras Ortsschild	↑ Crans Montana	
1,40/1,40		↑ Venthône	
2,50/1,10	Venthône	↑	
5,80/3,30	Mollens	↑	
6,90/1,10	✘	→ Aminona	
10,70/3,80	Aminona	↑	
11,00/0,30		↑	
11,50/0,50		scharf → Cafe/Restaurant Plumachit	
15,10/3,60	Y	←	
16,30/1,20	Y Cafe Plumachit	→	
19,80/3,50	✘ Crans Montana	→	
19,80/0,00	✘	→	
21,40/1,60	Kreisverkehr	→ Crans	
22,20/0,80	Crans		
22,60/0,40	Y	←	
22,70/0,10	✘	↑ Lens	
23,30/0,60	Y	← Lens	
27,40/4,10	Lens	↑	
27,60/0,20	✘	→ Sion Ayent	
34,20/6,60	✘	→ Anzére	
34,90/0,70	✘	← Anzére	
37,00/2,10	Les Flans (Ayent)	↑	
38,80/1,80	Anzére		
40,20/1,40	Y	←	
40,75/0,55	✘	↑ ← halten Sion, Arbaz	
45,40/4,65	✘	↑ Sion	
49,80/4,40	✘	→ Saviesè	
51,40/1,60	Drône	↑	
53,00/1,60	St. Germain	↑	
54,30/1,30	Granois	↑	
54,90/0,60	Y	← Sanetsch	
55,90/1,00	Y	→ Sanetsch	
56,10/0,20	Y	→	enge Durchfahrt
60,70/4,60	✘	→ Sanetsch	
62,60/1,90	Y	→ Sanetsch	
64,60/2,00	Y	← Teerstr.	
65,10/0,50	Y	→ Sanetsch	
72,70/7,60	Tunnel		
80,20/7,50	Staumauer		Ende

53

Wallis

In riesigen Fässern reift der gute Walliser Wein.

Kurz vor der Lese hängen die Trauben schwer am Stock.

Wallis

Im Wallis findet man vor allem reizvolle Onroad-Pisten.

AUF EINEN BLICK

Geografie

Das Wallis ist mit 5226 Quadratkilometern der drittgrößte Kanton der Schweiz. Das Oberwallis ist deutschsprachig, das Unterwallis französischsprachig, der Pfynwald zwischen Leuk und Siders oder Sierre (auf Französisch) stellt die Sprachgrenze dar. Das Wallis umfaßt die Walliser Alpen und den südwestlichen Teil der Schweizer Alpen. In diesen beiden Gebirgsgruppen finden sich 51 Gipfel, die höher als 4000

Meter sind. Im Haupttal fließt die Rhone auf einer Länge von 120 Kilometern durch das Wallis. Die Berge, Gletscher, Weiden, Wiesen, Wälder und Seen lassen nur wenig Platz für die Landwirtschaft. Lediglich zwei Prozent der Gesamtfläche des Wallis werden landwirtschaftlich genutzt. Dafür gibt es im Wallis fast 40 000 Gästebetten in Hotels, dazu fast 270 000 Betten in Chalets und Ferienwohnungen, der Tourismus boomt und ist Einnahmequelle Nummer eins.

Geschichte

Die Abgeschiedenheit der Täler fand zwar im Jahr 58 vor Christus ein Ende, als Caesar die Helvetier besiegte und sich die strategisch wichtigen Alpenübergänge sicherte, doch fand die weitere Weltgeschichte weitestgehend ohne das Wallis statt. 1789 marschieren französische Truppen ein, die 1813 das Land wieder verlassen müssen. Die Österreicher nutzen die Chance und fallen in das von der Schweiz losgelöste Gebiet ein. Der Doppeladler hält sich gerade mal ein Jahr, denn schon am 12. September 1814 machen die Schweizer und Walliser gemeinsame Sache, verjagen die Österreicher, das Wallis wird wieder ein Kanton der Schweiz.

Kunst / Kultur

Im Wallis finden sich Zeugnisse zahlreicher Epochen. Vom römischen Amphitheater in Martigny über die zahlreichen Kirchen und Kapellen des Barock bis hin zu Trachtenfesten und Jazz-Tagen ist für jeden Geschmack etwas dabei.

Freizeitangebote / Sport

Mountainbike, Wandern, Schwimmen, Gleitschirm- und Drachenfliegen, Rafting, Klettern, Ballonfahren, Skifahren: eigentlich gibt es fast nichts, was es im Wallis nicht gibt.

Offroadfahren

Meist reizvolle, landschaftlich herrlich gelegene Onroad-Strecken auf kleinen und kleinsten Straßen. Die meisten Pisten, die in einschlägigen Publikationen beschrieben werden, sind seit kurzem gesperrt oder nur für Anlieger frei befahrbar. Wir haben diese Schilder respektiert!

Reisezeit

Frühjahr bis Herbst, im Winter sind viele der Pisten, die hoch hinauf führen, aufgrund der Schneemassen für den öffentlichen Verkehr gesperrt.

Einreise

Personalausweis oder Reisepaß.

Anreise

Entweder am Genfer See vorbei und bei Martigny ins Rhonetal oder aber mit der Bahnverladung von Kandersteg ins Wallis (derzeit 23 Schweizer Franken, die Züge verkehren alle 20 Minuten, Dauer der Fahrt: rund 15 Minuten). Ab Kandersteg schnell Autobahnanschluß in Bern in alle Richtungen.

Unterkunft / Verpflegung

Im Wallis finden sich Hotels und Gasthöfe aller Kategorien mit der sprichwörtlich schweizerischen Sauberkeit. Ein guter Ausgangspunkt für

Wallis

Touren ist Sierre. Mitten im Zentrum findet sich das Hotel Casino, 19 avenue General Guisan, Telefon: 0041/27 555591. Saubere Zimmer und ein kostenloser Parkplatz im Parkhaus. Das Essen ist überall schmackhaft, aber etwas teurer als in Deutschland. Ein Raclette-Essen sollte man sich ebensowenig entgehen lassen, wie das Walliser Fleisch, eine Art Bündner Fleisch, also feiner, luftgetrockneter Schinken. Beides probiert man ebenso wie die berühmten Walliser Weine im „Chateau Villa", einem ehemaligen Schloß französischer Herzöge in Sierre. Die Weinkarte als Karte zu bezeichnen, ist eine Untertreibung, es ist ein umfangreiches Buch. Telefonische Reservierung (Telefon: 27 551896, rue Sainte-Catherine 4, 3960 Sierre) ist ratsam.

Bekleidung

Das Wallis zählt mit seinen hohen Bergen zu einer Klimaregion besonderer Prägung. Die Täler sind sonnig und extrem trocken, die Höhenlagen besonders feucht. Auch im Hochsommer kann es hoch oben noch Minusgrade geben, also immer warme Kleidung einpacken.

Devisen

Freie Ein- und Ausfuhr, für den Schweizer Franken bezahlt man rund 1,20 DM.

Benzin

Überall erhältlich, meist auch mit Automaten gekoppelt, an denen man 24 Stunden mit Geldscheinen bezahlen kann. Diesel nicht an allen Tankstellen erhältlich.

Karten

Große Länderkarte Schweiz, 1 : 400 000 aus dem RV-Verlag.
Michelin-Blätter 217 und 219, 1 : 200 000.
Wallis Ausflugs- und Touristikkarte, 1 : 120 000, Kümmerly und Frey.

Informationen

Schweizer Verkehrsbüro, Leopoldstrasse 33, 80802 München, Telefon: 089 333018.

Hoch über dem Tal läßt es sich in der Sonne gut aushalten.

Wallis

LÜNEBURGER HEIDE

LÜNEBURGER HEIDE

Nur zum Wandern fast zu schade

Als norddeutsches Naherholungsgebiet ist dieser Landstrich zwischen Hamburg und Hannover hinlänglich bekannt und im Sommer entsprechend frequentiert. Im Frühling, Herbst und Winter, wenn die Geschwader lästiger Mücken und Fliegen sich nicht durch das geöffnete Top oder die heruntergedrehten Seitenscheiben stürzen, ist die weite Wiesen- und Waldlandschaft mit ihren vielen Naturpisten wie leergefegt. Ideale Voraussetzungen für einen Tages- oder Wochenendausflug mit dem Geländewagen.

Nach regenreichen Wochen sind nicht nur die Wiesen entlang der Bäche überflutet. Auch auf den sonst sandigen Pisten geht es ausgesprochen feucht zu. Und bei Minustemperaturen muß das geliebte Allrad-Fahrzeug gelegentlich auch mal Eisbrecher spielen auf den großen, zugefrorenen Pfützen. In den Wäldern, wo der Frost noch keinen Einzug gehalten hat, schmatzen und schlürfen die Reifen genüßlich. Im Sommer

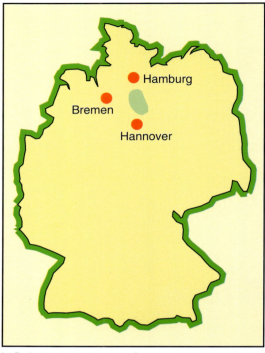

Im Dreieck zwischen Hamburg, Bremen und Hannover ist ein tolles Revier.

ist die Heide knochentrocken. Lange Staubfahnen sind die Folge. Bei entgegenkommenden Wanderern und Fahrradfahrern ist also rechtzeitiges Anhalten angesagt, damit sich der aufgewirbelte Sand gelegt hat, wenn man sich begegnet. Diese Rücksichtnahme erleichert zudem das Miteinander.

Kleine Tümpel und Seen

Wegweiser sind nicht leicht zu finden. Manchmal auch gar nicht. In der Regel handelt es sich um kleine, angemoderte Holzpfeile oder moosbewachsene Findlinge. Der hinter Weesen in Richtung Müden zeigende Wegweiser ist sogar verkehrt herum montiert. Leider sind auch die exaktesten Karten nicht genau genug. Das liegt vermutlich daran, daß Windbrüche und Forstarbeiten gelegentlich für einen geänderten Wegverlauf sorgen.

Neben Feldern und Wäldern bietet die Route außer dem Fahrvergnügen auch was für das Auge: kleine Tümpel, in denen im Sommer die

Bäche, Tümpel und Seen finden sich überall.

Lüneburger Heide

Frösche quaken, reetgedeckte Häuschen, in der Nähe von Dehnsen prähistorische Grabhügel und ein ausgewachsenes Dolmengrab sowie die nicht zu vergessende Schwindequelle.

Die Truppenübungsplätze Munster Nord und Süd locken. Doch wer sich auf die Verlockung einläßt, sollte wissen, daß die Bundeswehr andere Arbeitszeiten hat, als der Normalbürger. Läßt man sich erwischen, drohen empfindliche Bußgelder. Und letztlich ist ein Panzer bei einem Zusammenstoß immer der Stärkere. Man muß es wirklich nicht riskieren. Die legale, hier vorgestellte Strecke ist reizvoll genug.

Peter Böhlke

Genüßlich schmatzen und schlürfen die Reifen.

Roadbook

km	Ort	Fahrtrichtung	Anmerkung/Tips
0,00	östl. Ortsausgang Woltshausen Parkplatz an der B 3 u. Ötze	Norden	Fahrweg ohne Verbotsschild
0,30/0,30	✗	halb ← Eversen	
5,30/5,00	Vorfahrtstr. in Eversen	→	
11,60/6,30	Ortseingang Hustedt	← Rebberloh u. Kohlenbach	
14,20/2,60	✗	← Hermannsburg	
15,10/0,90	Y	→	
20,20/5,10	Y	→	unbeschilderte Weggabelung
	Ortsende Hermannsburg	Weesen	
	Weesen, Rechtskurve	halb ←	abzweigender „Fahrweg"
0,00	Ortsausgang Weesen	→	
0,40/0,40	✗	↑	Pumpstation
	✗	←	
...../2,60		↑ Altensothrieth	
	✗	→ Unterlüß	
...../0,15		← Altensothrieth	
	✗ Altensothrieth (Vorfahrtstr.)	←	
...../4,40		→ „Schmarbek Grube"	2. Wegweiser „Schmarbek Grube" ignorieren
	Schmarbek, querverlaufende Vorfahrtstr.	→	
	Y hinter Ortsausgang	←	Wacholderwald
...../2,00		halb ← bis Brambostel über Lintzel, Schatensen, Wulfsode nach Lopau	
	Lopau	1. Teerstr. →	
	Ortsausgang Munster Ortsteil Lopau	↑	Truppenübungsplatzgrenze links
...../1,30		halb → bis Ehlbek	
	Ehlbek	← zw. Häusern gleich → Amelinghausen auf B 209	
	B 209	↑ in Wald	
...../1,20	✗ Teerstr.	→	
...../0,10		←	
...../0,50	Dehnsen	← Str. „Zur Grund"	
...../2,00		→ Thausen	
	Soderstorf, Vorfahrtstr.	←	
	nächste ✗	← Schwindebek	
	Ortseingang Schwindebek	→ Str. „Zur Schwindequelle"	
...../0,80			beschrifteter Stein „Fußweg zur Schwindequelle"
	zurück ✗ Soderstorf	← Evendorf	
...../1,20		→	

Lüneburger Heide

...../0,70		←	
...../1,10		←	
...../0,20			links vom Weg, hinter einigen Büschen und Bäumen, prähistorisches Dolmengrab
...../0,20	zurück	→	
		↑ bis Lübberstedt	Ende

AUF EINEN BLICK

Offroadfahren

Die Streckenlänge abseits asphaltierter Straßen beträgt etwa 50 Kilometer. Alle Wege waren zum Zeitpunkt der Drucklegung frei befahrbar.

Nach regenreichen Tagen steht das Wasser hoch in den Rinnen.

Der Streckenzustand hängt von Jahreszeiten und Witterung ab. Mit der hier beschriebenen Route lassen sich, sofern man Zeit und Muße hat, weitere frei befahrbare Offroadwege leicht kombinieren. Dem eigenen Einfallsreichtum und der Entdeckerfreude sind nur wenige Grenzen gesetzt.

Unterkunft / Verpflegung

Hotel-Restaurant „Zur Alten Fuhrmannsschänke", Dehningshof 1, 29320 Hermannsburg/Oldendorf, Telefon: 05054/1065, Preis für Übernachtung mit Frühstück pro Person im Doppelzimmer etwa DM 70,–.
Landgasthof & Pension „Eichenkrug", Unter den Eichen 10, 21385 Dehnsen/Amelinghausen, Telefon: 04132/427, Preis für Übernachtung mit Frühstück pro Person im Doppelzimmer etwa DM 40,–.

Reisezeit

Ganzjährig, mit den im Text und unter „Offroadfahren" genannten Einschränkungen.

Anreise

Über die Autobahn A 7 bis zur Anschlußstelle Soltau-Süd und auf der B 3 weiter bis Woltshausen.

Karten / Literatur

Deutsche Autokarte, 1 : 200 000, Blätter 7 und 9, RV Verlag.
Generalkarte Bundesrepublik Deutschland, Maßstab 1 : 200 000, Blätter 5 und 7, Mairs Geographischer Verlag.
Polyglott Reiseführer „Harz/Hannover/Lüneburger Heide".

Ausrüster für
- **Off-Road**
- **Outdoor**
- **Globetrotter**

Pro_{motion} x8

Off-Road · Reisen · Sport

Laden: *Basislager*

Schloßstraße 7 · 90478 Nürnberg
Tel. 0911/473000 · Fax 0911/473281

Test- und Fahrberichte aus OFF ROAD

Test- & Fahrberichte '90/'91/'92/'93/'94

Modell	Heft
AM General Hummer	3/92
Amphi Ranger 4,0i	9/93
Aro 10.4	8/93
Asia Motors Rocsta 102 Diesel	2/94
Bertone Freeclimber Cabrio 2.7i	9/91
Biagini Passo	9/92
Chevrolet Blazer S-10 4,3 4türig	3/91
Chevrolet Pickup K 2500, 6,5 TD	12/92
Chevrolet Blazer K 1500 5,7	3/92
Chevrolet Pickup K 2500 Extended Cab Diesel 6,2	3/90
Chevrolet Suburban K 1500 5,7	5/93
Chevrolet K 1500 6,5 TD Extended Cab Sportside	6/94
Daihatsu Feroza EL-II (Dauertest)	2/91
Daihatsu Rocky Station TD	9/93
Dodge Ramcharger LE 5,2 Magnum	9/92
Dodge Ram 1500 4 × 4 Laramie SLT 5,2	2/94
Fiat Ducato 4 × 4 Bimobil FP 341	11/92
Ford Bronco 5,0 XLT	10/90
Ford Explorer	3/93
Ford Maverick 2,4i GLX	6/93
Ford Maverick 2,4i lang	5/94
Isuzu Trooper 2,8 TD Intercooler (Dauertest)	5/91
Jeep Grand Cherokee 4,0 Ltd.	10/93
Jeep Grand Cherokee 5,2 Ltd.	5/93
Jeep Grand Cherokee 5,2 Kompressor Russler	7/94
Jeep Cherokee 2,5 Jamboree	7/93
Jeep Cherokee 4,0 Ltd.	5/91
Jeep Wrangler 2,5	6/93
Jeep Wrangler 4,0 Softtop	9/91
Jeep Wrangler 4,0 Hardtop	12/90
Jeep Wrangler 4,0 (Dauertest)	1/93
Lada Niva Taiga G-Kat	7/92
Lamborghini LM 002	2/93
Land Rover Defender 90 TDi Plane	10/92
Land Rover Defender 110 TDi Station	4/91
Land Rover Discovery V8i	1/91
Land Rover Discovery TDi S	3/90
Land Rover Discovery TDi	6/94
Mahindra CJ 340 Classic	2/92
Mahindra CJ 540 Classic	12/93
Mazda B 2600i 4 × 4 SE-5	4/92
Mazda B 4000 4WD	8/94
Mercedes-Benz 300 GD Station lang	7/90
Mercedes-Benz 230 GE Cabrio	9/91
Mercedes-Benz 300 GE 3,6 Brabus & 250 GD offen	10/92
Mercedes-Benz 300 GE Väth 3,5	5/92
Mercedes-Benz 350 GD Turbo Station lang	6/92
Mercedes-Benz Unimog U 1550 L Hartmann	8/92
Mercedes-Benz 310 D Turbo Allrad Iglhaut	4/93
Mercedes-Benz 500 GE 5,6 Brabus	5/93
Mercedes-Benz 500 GE V8	4/93
Mercedes-Benz 290 GD Bimobil	6/93
Mercedes-Benz 350 GD Turbo Station kurz	2/93
Mercedes-Benz 814 DA Clou 579 E	8/93
Mercedes-Benz 300 GE	1/94
Mercedes-Benz 290 GD Kastenwagen	3/94
Mercedes-Benz Funmog U 90	4/94
Mercedes-Benz G 5,6 Väth	7/94
Mercedes-Benz G 320 Cabrio	8/94
Mitsubishi Pajero 2500 TD GLS 2türig	7/91
Mitsubishi Pajero 2500 TD GLS 4türig	8/93
Mitsubishi Pajero 2500 TD GL	11/92
Mitsubishi Pajero 2800 TD GLS lang	7/94
Mitsubishi Pajero 3000 V6 GLS Automatik, 4türig	10/91
Mitsubishi Pajero 3000 V6 GLS	5/94
Mitsubishi Pajero 3500 V6 GLS lang Automatik	4/94
Mitsubishi L200 Magnum	11/93
Monteverdi Safari	8/93
Nissan Patrol 2,8 TD Station	2/91
Nissan Patrol GR Station	4/93
Nissan Terrano 2,7 TD	6/91
Nissan Terrano 2,7 TD (Dauertest)	5/92
Nissan Terrano II SGX 2,7 TD kurz	11/93
Nissan Terrano II TD Intercooler Michaelis	7/94
Nissan Pickup Doppelkabine 2,5 D	2/93
Nissan KingCab 2,5 D Tischer Trail 260	3/93
Nissan Terrano 3,0 V6	11/90
Opel Frontera Sport 2,0i	11/91
Opel Frontera 2,3 TD (Dauertest)	11/93
Opel Frontera Sport 2,0i Softtop	5/94
Opel Monterey LTD 3,1 TD	8/92
Opel Monterey RS 3,2i	7/93
Opel Monterey RS 3,1 TD	9/93
Opel Frontera Mantzel M 2,7 E	2/93
Opel Frontera Sport Delta Ghost	7/93
Peugeot J 5 Dangel	5/92
Range Rover 4,2 LSEi	2/93
Suzuki SJ Samurai de Luxe Cabrio	10/93
Suzuki Vitara G + B	11/92
Suzuki Vitara Long	2/94
Toyota HiLux 2,4i	3/92
Toyota LandCruiser LJ 70	12/92
Toyota LandCruiser HDJ 80 Station Special	7/93
Toyota LandCruiser KJ 70	9/93
Toyota LandCruiser BJ 75 (Dauertest)	10/93
Toyota LandCruiser HZJ 75 Langer & Bock	11/93
Toyota LandCruiser Station HZJ 80	8/92
Toyota 4Runner V6 Special	1/92
Toyota 4Runner 2,4 TD	6/91
Toyota 4Runner 3,9 TD	3/94
Toyota LandCruiser HZJ 75	7/94
Toyota RAV4	8/94
Toyota KJ 73 Special	1/94
VW Typ II TD syncro Special Mobils	2/91
VW Caravelle GL 2,5 syncro	3/93
VW Muiltivan syncro 2,4 D	7/93

Geländetests '90/'91/'92/'93/'94

Modell	Heft
Daihatsu Rocky 2,8 TD Wagon	6/90
Daihatsu Feroza EL-II	5/93
Isuzu Trooper 2,8 TD intercooler	2/91
Jeep Wrangler 2,5	9/90
Jeep Wrangler 4,0	3/94
Lada Niva Taiga	1/91
Land Rover Discovery TDi	9/91
Mercedes-Benz 250 GD Station kurz	3/91
Mitsubishi Pajero 2,5 TDi Wagon	8/90
Mitsubishi L 300 Bus 2,5 TD	7/92
Nissan Patrol 2,8 TD Hardtop	7/91
Nissan Patrol GR kurz	5/90
Suzuki SJ Samurai Cabrio de Luxe	11/90
Toyota LandCruiser LJ 70	4/90
VW Caravelle syncro 16" 1,6 TD	4/92

Bezugsadresse: AC Vertriebs GmbH, Alte Landstr. 21, 85521 Ottobrunn, Tel. (089) 60821233
Einzelheftpreis bis 12/93 DM 6,80 - ab 1/94 DM 7,50 jeweils zuzüglich DM 3,- Versandkosten = Endpreis DM 9,80/10,50

IRLAND

Land unter auf der grünen Insel

Es muß schon eine besondere Sorte Mensch sein, die da nach Irland fährt, um einen Urlaub zu verbringen. Während im übrigen Europa, auf dem Kontinent, wie man auf der Insel betont, die Sonne im Jahrhundert-Sommer 1994 unbarmherzig vom Himmel brennt, die Temperaturen auf unerträgliche 35 bis 40 Grad steigen, die Ozonbelastung bedenkliche Werte annimmt und in Hessen deshalb sogar ein Tempolimit ausgesprochen wird, droht Irland zu versinken. Fast täglich prasselt der Regen während unserer zweiwöchigen Tour vom Himmel, eine niedrige Wolkendecke verschleiert die Naturschönheiten und schon wenige Schritte neben der Straße versinkt man in knietiefem Morast. Wie heißt es auch so schön: Es gibt viel Wetter, aber kein Klima.

Rund um Dublin, in die Gegend von Galway und in die reizvolle Landschaft von Killarney führt die Irland-Tour.

Es muß schon eine besondere Sorte Mensch sein, die da nach Irland fährt, um einen Urlaub zu verbringen. Aber auch die Iren selbst sind ein sonderbarer, eigenwilliger Menschenschlag. So drückten die Insulaner doch unmittelbar nach der Erringung der Unabhängigkeit von England im Jahre 1921 ihre Lebensphilosophie auf eine besondere Art und Weise aus. Auf den neuen Münzen der frischgebackenen Republik sah man statt irgendwelcher Herrscherköpfe aus vergangenen Jahrhunderten Schweine, Hühner, Hasen und Lachse.

Darüberhinaus strotzen die Iren geradezu vor einem ungebrochenen Optimismus. So hat schon Heinrich Böll in seinem „Irischen Tagebuch" zwei charakteristische irische Sätze festgehalten: „Es könnte schlimmer sein" und „Mach dir keine Gedanken". Doch die Iren machen sich wohl Gedanken, die dann allerdings wieder ihresgleichen suchen. So heißt es beispielsweise in einem Sprichwort: „Man braucht sich nur über zwei Dinge Gedanken zu machen - ob es einem gut geht, oder ob man krank ist. Wenn es dir gut geht, brauchst du dir keine Gedanken zu machen. Aber wenn du krank bist, mußt du dir um zweierlei Sorgen machen: Entweder wird es dir wieder besser gehen, oder du wirst sterben. Wenn es dir besser geht, besteht kein Anlaß zur Sorge. Wenn du stirbst, gibt es wieder nur zwei Möglichkeiten: Entweder du kommst in den Himmel oder in die Hölle. Falls du in den Himmel kommst, ist alles in Ordnung. Wenn du in die Hölle kommst, wirst du so damit beschäftigt sein, Freunden und Bekannten die Hand zu schütteln, daß du gar nicht mehr zum Überlegen kommst. Also was soll's!"

Der Charakter der Iren ist auf den ersten Blick ebenso schwer zu fassen, wie die Landschaft. Eine herbe Schönheit ist die grüne Insel, reich an Kontrasten und Farben. Irland ist voll von Seen, Flüssen und antiken Stätten, prähistorischen Gräbern und seltsam anmutenden Steinkreuzen, einsamen Rundtürmen und zerfallenen Burgen. Man findet üppige bewachsene Täler und eine derartig karge Landschaft wie den Burren, von dem schon Oliver Cromwell gesagt hat: „Zu wenig Bäume, um einen Mann zu erhängen, zu wenig Wasser, um ihn zu ertränken, zu wenig Erde, um ihn zu begraben."

Die Landschaft bekommt zu Beginn unserer Tour allerdings nur den zweiten Blick ab. Zu ungewohnt ist der Linksverkehr, vor allem an Kreuzungen. Mehr gefährdet als der Autofahrer ist allerdings der europäische Fußgänger in Städten wie Dublin. Man schaut in den ersten Tagen stets in die falsche Richtung, als Präventivmaßnahme sind an fast allen Übergängen unübersehbare Warnungen groß auf den Boden gemalt: Look Left! Gut so, denn wir haben wieder einmal zuerst nach rechts geblickt. Oder: Look right!, wo die Augen garantiert zuerst nach links schweifen. Doch schon nach kurzer Zeit gewöhnt man sich an den Linksverkehr, die erhöhte Sitzposition in unserem Mercedes G erleichtert den Überblick. Den braucht man aber auch in einem Land, in dem ein Straßenschild gleich drei verschiedene Wege zu einem Zielort zeigt, meist in gälischer Sprache und unterschiedlich in Meilen und Kilometern - oder auch gar keinen.

Wir verlassen uns deshalb mal wieder auf unseren Instinkt, zumal auch die Karten nicht so recht die Wege weisen, die wir suchen. Immer der Nase und den nächsten Schildern nach kommt urplötzlich Powerscourt House in Sicht, eine der Anlagen, für die Irland so berühmt ist. Schon um 1300 stand an diesem Platz ein Schloß der normannischen Familie „de la Poer", das 1731 seinen heutigen Schliff bekam. Damals beauftragte der Besitzer, Richard Wingfield, den deutschstämmigen Architekten Richard Castle mit dem Neubau im Palladio-Stil. Die Bauzeit betrug zehn Jahre und Powerscourt wurde zu einem der schönsten Herrenhäuser Irlands. Im November 1974 brannte das gesamte Haupthaus ab, nur die Fassade und die herrlichen Gärten zeugen noch heute von der Großartigkeit der Anlage.

Der italienische Garten war übrigens einer der letzten klassischen Gärten, die in Europa angelegt wurden. Um 1740 wurde mit den Arbeiten, die Einflüsse aus Italien, Frankreich und Deutschland zeigen, begonnen. Aus alten Dokumenten geht hervor, daß über 150 Arbeiter täglich am Werk waren. Die Arbeit ging nie aus und noch 1840 beauftragte der damalige Besitzer den Architekten Daniel Robertson, neue Gartenpläne anzufertigen. Robertson soll an Gicht gelitten haben und mußte für die Beaufsichtigung der Arbeiten in einer Schubkarre herangekarrt werden. Er suchte Trost im Alkohol, und spätestens dann, wenn seine Flasche Sher-

Schafe haben Vorfahrt – so ist dies mal in Irland.

Irland

Powerscourt-House, eine der schönsten Anlagen Irlands.

Irland

Idyllische Winkel finden sich überall in den Gärten von Powerscourt-House.

Irland

ry leer war, wurden die Arbeiten für diesen Tag eingestellt. So mancher Arbeiter wünschte dem Architekten deshalb einen guten Zug.

Überhaupt spielt der Alkohol in Irland eine bedeutende Rolle. In ungefähr 12 000 Pubs fließt das Guinness, mehr noch als Whiskey das Nationalgetränk der Iren. Dieses starke, dunkle Bier mit seiner weißen Krone wird seit 1759 in Dublin hergestellt. Da es beim Zapfen stark schäumt, ist das Einschenken eine Kunst. So mancher Ire soll gar eine Liste der Pubs besitzen, in denen man am besten zapft. Ob dies nun der Wahrheit entspricht oder nicht, Tatsache ist, daß ein schlecht gezapftes Guinness prompt wieder zurückgeschickt wird.

Neben dem Guinness ist es vor allem der einheimische Whiskey, der die Pubs beherrscht. Er wird dreifach destilliert und ist deshalb besonders rein. Doch die Liebe zu ihrem Getränk hatte vor 50 Jahren katastrophale Auswirkungen. Während sich die Schotten auf den Export konzentrierten und den Verbrauch im eigenen Land rationierten, taten die Iren genau das Gegenteil und behielten ihren Whiskey für sich. Die amerikanischen Soldaten, die sich im Zweiten Weltkrieg deshalb eher an Scotch gewöhnt hatten, nahmen diese Geschmacksrichtung mit nach Hause, der irische Whiskey wurde vom schottischen auf dem Weltmarkt überrundet. Seit einigen Jahren werden aber verstärkt Anstrengungen unternommen, den hervorragenden irischen Whiskey wieder populärer zu machen. Verdient hat er es allemal, eine Verkostung in den Irish Destilleries in Dublin beweist es eindeutig.

Gefährliches Getränk

Gewarnt sei aber vor dem Poitin, der illegal vor allem in Connemara aus Gerste, Zucker, Hefe und Wasser gebrannt wird. Ordnungsgemäß hergestellt, ist das Getränk bedenkenlos, nur wenn reiner Alkohol zugesetzt ist, sollte man ihn mit Vorsicht genießen. Der Besitz von Poitin ist zudem strafbar, aber diese kleinen Verstöße werden in Irland durchaus nachsichtig gehandhabt, zumal, wenn man nachweisen kann, daß das Gebräu nicht für den Eigenbedarf bestimmt war, sondern etwa zur Linderung rheumatischer Beschwerden bei einem Pferd.

Aber es sind nicht nur die alkoholischen Getränke, um die Iren nicht als hemmungslose Säufer hinzustellen, die im Land wichtig sind. Ebenso wichtig ist es, wo man trinkt. Die Pubs sind Begegnungsstätte, Musizierstube und Informationsbüro in einem, ein Platz, in dem der Besucher etwas über das wirkliche Irland erfahren kann.

Das wirkliche Irland - es gibt es eigentlich gar nicht. Es ist ein Land voller Traditionen, ein Land, in dem die Kirche tief verwurzelt ist und dennoch heidnische Bräuche überlebt haben. Wie

Portfinn Lodge

Einen Besuch wert ist die Portfinn Lodge in Leenane (Connemara). Das Haus bietet einen herrlichen Ausblick über die Bucht des kleinen Ortes, wo der Film „The Fields" mit Richard Harris gedreht worden ist. Damals hat das ganze Dorf mitgespielt. Der Besitzer der Portfinn Lodge, Rory Daly, hat lange Zeit in Deutschland gelebt und gearbeitet und ist ein begnadeter Koch, sowie ein profunder Kenner des Gebietes. Wer gerne fischen geht, ist bei Rory an der richtigen Stelle. Er kennt die besten Stellen. So ist es kein Wunder, daß Rory auf der Speisekarte fast ausschließlich Meerestiere aus den umliegenden Gewässern anbietet. So stimmen Qualität und Frische. Seine Pension hat acht Zimmer und ist meist ausgebucht, frühzeitige Reservierung ist also nötig.

Portfinn Lodge, Leenane, Galway, Irland, Telefon: 095/42265.

Rory Daly.

Irland

Golf ist in Irland Nationalsport. Auch Anfänger haben Zutritt zu den schönsten Anlagen.

sagte schon der dänische Philosoph Kierkegaard: „Die Iren bringen es nicht fertig, ihre Kinder richtig zu taufen. Sie möchten sich ein wenig Heidentum bewahren. Deshalb tauchen sie die Kinder nicht ganz ins Wasser, sondern halten den rechten Arm heraus, damit sie im Jenseits noch ein Schwert ergreifen und ein Mädchen im Arm halten können."

Irland ist ein Land mit hohen Auslandsschulden und einer Arbeitslosenquote von über 17 Prozent bei einer Bevölkerung, die zur Hälfte jünger als 25 Jahre ist, ein Land, das durch die große Hungersnot, die im Jahr 1845 begann, eine Million Menschen durch den Tod und eine weitere Million durch Auswanderung verlor, ein Land, dessen Geschichte ein einziger Widerstand gegen England ist.

Irland ist aber auch ein Land voller freundlicher Menschen, die einander und auch den Besucher respektieren. Es ist ein Land voller Schönheiten. Dublin mit seinem georgianischen Charme, den herrlichen Parks und seinen verschwiegenen Ecken. Connemara im Westen, eine der kahlsten Gegenden Irlands, wo die Menschen noch heute dem Moor und dem Meer ihr Einkommen abringen. Die Landschaft wirkt unfruchtbar, kein Wunder, daß viele der Einwohner einst den Seen, Bergen und Mooren den Rücken zukehrten und auswanderten. Die Aran Islands, drei vorgelagerte Inseln, seit Urzeiten bewohnt und mit Zeugnissen aus vor- und frühchristlicher Zeit übersät. Die Steinfestung von Dun Angus auf einer der Inseln zählt zu den schönsten Monumenten Europas. Die Halbinsel Dingle mit ihren herrlichen, unberührten Sandstränden und natürlich die Cliffs of Moher, steil ins Meer abfallende Felsen.

Man muß keiner besonderen Sorte Mensch angehören, um schon nach kürzester Zeit dem Charme dieser Insel zu verfallen. Irland ist immer eine Reise wert, auch wenn es noch so sehr regnet. Merke: Es gibt zwar viel Wetter, aber kein Klima. Und dies bedeutet, daß nach jedem Wolkenbruch auch wieder die Sonne scheint. Gott sei Dank.

Jürgen Hampel

Irland

Roadbook I
Als Ausgangspunkt bietet sich Dublin an.

km	Ort	Fahrtrichtung	Anmerkung/Tips
	Dublin N 11	→ Sandyfort	
	vor Sandyfort	R 117, Enniskerry	
	✘ Enniskerry	↑ Powerscourt House	Gärten und Wasserfall
0,00	Ausfahrt Wasserfall	← Glencree	gut ausgeschildert
8,30/8,30	✘	scharf ←	keine Beschilderung, schöner Ausblick übers Tal
15,70/7,40	✘	↑ Glendalough	Moor, viele Schafe
27,70/12,00	Parkplatz Glenmacnass	↑	schöne Aussicht
35,20/7,50	✘ = 0,00	→ Glendalough	Nullen!
0,00/1,90	Car Park	zurück zur ✘	Abstecher zum Rundturm
0,10/0,10	über Brücke	← Military Drive	
1,50/1,40	✘	→ Glenmalure	
9,20/7,70	✘	↑ Rathangan	Militär-Warnung ignorieren!
16,90/7,70	✘	↑, → halten, Military Road	
18,60/1,70	✘	↑ Rathangan	
23,10/4,50	✘	→ Military Road	angeschossenes Schild
24,50/1,40	✘	↑ Military Road	sehr uneben
28,40/3,90	✘	↑ Military Road	
29,30/0,90	✘	→	
30,80/1,50	Parkplatz	↑	Dwyer Cottage
32,30/2,50	✘	→	
32,50/0,20	✘	←	
33,10/0,60	Ort Knockanarrigan	↑	
33,20/0,10	✘	→	
35,00/1,80			Gedenkstätte auf der rechten Seite
36,60/1,60	✘	←	
38,90/2,30	✘	↑ Donard	
42,90/4,00	Ort Donard	↑	
43,20/0,30	✘	→ Balinglass/Blessington	
45,50/2,30	✘	→ Blessington/Dublin	auf dem Weg nach Blessington ist auf der linken Seite das Russborough House ausgeschildert, sehenswert! Ende

Roadbook II
Kurzer Abstecher nach dem Besuch der Cliffs of Moher.

km	Ort	Fahrtrichtung	Anmerkung/Tips
0,00	R 477 zw. Fanore und Murroogh	hoch →, Bridge Hostel	kein Schild/links Bach
2,10/2,10		↑	Steinbrücke
3,80/1,70	Y	→	
4,00/0,20		↑ über Bach (links)	
11,50/7,50	✘	→	Ende

Roadbook III

Für alle Besucher interessant, die in Connemara unterwegs sind.

km	Ort	Fahrtrichtung	Anmerkung/Tips
0,00	✗ Glynsk House	←	
6,00/6,00	Y	→	
7,20/1,20	✗	↑	
7,80/0,60	Y	→ Recess/Clifden	
12,70/4,90	✗	→ Galway N 59	
14,40/1,70	✗	← Letterfrack, Scenic Route	Kylemore Abbey!
14,80/0,40	✗	→ Westport/Leenane	
18,80/4,00	✗	↑	
24,10/5,30	Ort Leenane	↑	Drehort des Films „The Field" mit Richard Harris
25,80/1,70		→ Portfinn Lodge	Übernachtungsmöglichkeit! Ein Abendessen ist fast ein Muß!
0,00	Portfinn Lodge	→	
0,30/0,30	✗	← über Brücke	
3,60/3,30	✗	← Louisburgh / Falls	
4,30/0,70	Parkplatz	↑	Wasserfälle auf der rechten Seite, dort springen Lachse!
14,60/10,30	Y	↑ Louisburgh	
23,20/8,60	✗	← Killadoon	
23,80/0,60	✗	→	
28,60/4,80	✗	→	
28,70/0,10	✗	←	
33,60/4,90		↑	traumhafte Bucht!
36,30/2,70			„Inscribt Stone", allerdings nur zu Fuß erreichbar
37,60/1,30	Ende der Straße		Sandstrand, tolle Bucht, Bademöglichkeit oder mit dem Auto am Strand entlang. Achtung Salzwasser!
0,00	Strand/Straßenende	zurück	
8,90/8,90	✗	↑	Friedhof auf der linken Seite
11,50/2,60	✗	↑	nicht Strand!
12,50/1,00	✗	↑	
16,40/3,90	Ort Louisburgh	↑	
16,60/0,20	✗	↑ Westport	
16,80/0,20	✗	↑	
19,20/2,40	✗	→ Kilgeever Abbey	
20,00/0,80	✗	←	
20,70/0,70	✗	→	
21,00/0,30	Straßenende	wenden, zurück	neuer und alter Friedhof der Kilgeever Abtei
21,20/0,20	✗	→	
22,10/0,90	Y	→	
23,30/1,20	✗	→ Westport	

Irland

30,20/6,90		↑	rechts Wanderweg auf den Croagh Patrick (Pilgerberg). An jedem letzten Sonntag im Juli ziehen ca. 60 000 Menschen auf Wallfahrt). Sprichwort: "3x barfuß hinauf, öffnet die Tür zum Himmel"
34,90/4,70	Y	← Westport	
38,20/3,30	✗ Westport Quay	→	Westport House
39,40/1,20	Westport	N 59	Besichtigung!
0,00	N 59 Westport-Ausgang Steinbrücke	Clifden/Leenane	
7,90/7,90	✗	→ Scenic Route, Drummin	
14,30/6,40	Y	↑ Leenane	
15,90/1,60	Y	→	
18,50/2,60	Y	→	Bergstraße
19,90/1,40	Gipfel		
28,10/8,20	✗	← Leenane	
39,00/10,90	✗	→ Clifden N 59	
41,40/2,40	Leenane		Ende

Statue am Weg hoch zum Croagh Patrick.

Abseits der befestigten Wege findet sich tiefer Morast.

Irland

Fast 32 Kilometer Strand stehen auf der Dingle-Halbinsel zur Verfügung.

Roadbook IV

Reizvolle Strecke auf der Dingle-Halbinsel, die ohnehin eine interessante Alternative zum überlaufenen Ring of Kerry darstellt.

km	Ort	Fahrtrichtung	Anmerkung/Tips
	Castlemaine	Dingle	
ca.11,00	nach Castlemaine	→ Scenic Route / Camp	Nullen!
5,40/5,40	Y	→	
8,20/2,80	✗	→	
9,00/0,80	✗	←	
15,00/6,00		↑ Aughacasla	
17,00/2,00	Y	↑ Connor-Pass	
23,30/5,30	Strand	→ Kilcummin Strand	rund 32 km lang, Fahrmöglichkeit am Strand!
0,00	Abzweig Strand		
0,60/0,60	Y	← Connor-Pass	
5,60/5,00	✗	↑ Connor-Pass	
9,50/3,90			schöne Aussicht
10,70/1,20	Connor-Pass		Blick zu beiden Seiten
17,20/6,50	Dingle		Ende

Irland

Geografie

Die Republik Irland umfaßt circa 70 280 Quadratkilometer, der höchste Berg erreicht gerade einmal 1040 Meter. Der längste Fluß ist der Shannon mit 370 Kilometern. Irland besitzt tausende von Flüssen, insgesamt 14 000 Kilometer Flußläufe. Die Seen bedecken darüberhinaus eine Fläche von über 2500 Quadratkilometer. Die Küste ist etwa 5600 Kilometer lang. Die enorme Feuchtigkeit von unten und oben schafft ein gewaltiges Problem für die Landwirtschaft. Nur etwa 20 Prozent der Inselfläche eignet sich deshalb für den Ackerbau. Viehwirtschaft wird dagegen großgeschrieben.

Bevölkerung

In der Republik Irland leben derzeit rund 3,6 Millionen Menschen, die Hälfte davon in den großen Städten. Über 50 Prozent der Bevölkerung ist jünger als 25 Jahre.

Reiten

Das Glück auf dem Rücken der Pferde findet der Besucher im Ballyhannon House, Quin, Clare. Nicht weit von Dromoland Castle entfernt, bietet der frühere Tierarzt John L. Hassett Anfängern und Fortgeschrittenen einen idealen Platz für Ausritte. Ob gemütlich in der Gruppe, oder rasant bei einem Cross-Country-Ritt über Stock und Stein, sowie steinerne Zäune, das Angebot ist vielfältig. John Hassett bietet aber auch richtige Reiterferien an. Telefon: 065/25645

Geschichte

Einige Jahrhunderte vor Christus kamen die ersten Eroberer nach Irland, die Kelten, wilde Reitervölker aus Spanien und Frankreich, die auf eine einheimische Bevölkerung trafen, die noch auf einer primitiven Entwicklungsstufe stand. Die Römer gelangten nie nach Irland. Dafür kam das Christentum 432 durch den heiligen Patrick auf die Insel. In den weiteren Jahren fielen immer wieder die Wikinger über Irland her, ehe im Jahre 1014 mit der Schlacht von Clontarf die Wikingerherrschaft beendet wurde. Diesen Sieg errang König Brian Boru. In den späteren Jahrhunderten setzten sich die Normannen auf der grünen Insel fest, was den englischen Herrscher Heinrich II. alarmierte, der eine fast acht Jahrhundert dauernde Verbindung zwischen England und Irland schuf, sehr zum Leidwesen der Iren.

Landschaft

Die irische Landschaft ist reich an Wasser, üppig bewachsenen Tälern, aber auch kargen Landstrichen wie Connemara. Die höchsten Berge erreichen gerade einmal 1000 Meter.

Kunst / Kultur

In jeder Stadt und in jedem Dorf finden, besonders an den Wochenenden, in den Pubs Musikveranstaltungen statt, die nicht extra für den Touristen veranstaltet werden. Es ist vielmehr eine jahrhundertealte Tradition aus lebhaftem Tanz und schwermütigen Liedern. Überall im Land finden sich darüberhinaus bedeutende kulturelle Zeugnisse wie Burgen, Schlösser und Klöster, die fast alle besichtigt werden können.

Freizeitangebote / Sport

Golf ist eine nationale Leidenschaft, das Land mit den herrlichsten Plätzen geradezu überzogen. Auch Anfänger und Nichtmitglieder sind auf den etwa 180 schönen Anlagen willkommen, zum ersten Beschnuppern eignen sich die „Pitch 'n Putt"-Plätze. Auch dem Angeln und Reitsport kommt eine große Bedeutung zu. Segeln, Surfen an der Küste, Radfahren, Urlaub mit dem Pferdewagen im Landesinneren, die Palette der Möglichkeiten ist breit gestreut. Hurling, Gaelic Football, Fußball, Windhunderennen, Snooker und Boxen sind beherrschende Themen in den Pubs.

Whiskey gehört in Irland zum täglichen Leben.

Irland

Urlaub mit dem Pferdewagen. Eine gemütliche Alternative.

Für einen Plausch ist immer Zeit.

Bierplakate haben oft ausgefallene Motive.

Irland

Offroadfahren
Die meisten kleinen und kleinsten Straßen bieten Off-road-Gefühl auf On-road-Strecken. Die Pisten sind zwar asphaltiert, große Schlaglöcher, Spurrillen, teilweise fehlender Fahrbahnbelag und eine Straßenbreite, die gerade für ein Fahrzeug ausreicht, vermitteln allerdings Allrad-Atmosphäre. Gerade im Westen kann man zudem auf kleine, unbefestigte Wege ausweichen, die zum Torfstechen angelegt worden sind. Gewarnt werden soll vor dem Verlassen der Wege. Oft schließt sich unmittelbar an die Fahrbahn knietiefer Morast an. Echtes Off-road-Feeling vermitteln die Strände in Connemara und der Dingle-Halbinsel, die befahren werden können.

Reisezeit
Beste Reisezeiten sind Frühjahr und Herbst. Dann ist Irland nicht von Touristen überlaufen, die Temperaturen liegen dann allerdings auch nur zwischen 16 und 18 Grad. Die sonnigste Region ist der äußerste Südosten.

Einreise
Besucher aus Deutschland, der Schweiz oder Österreich benötigen lediglich einen gültigen Personalausweis oder Reisepass. Ein Visum ist nicht erforderlich, falls der Aufenthalt kürzer als drei Monate ist. Für Autofahrer genügen der nationale Führerschein sowie die normalen Fahrzeugpapiere. Die grüne Versicherungskarte sollte ebenfalls mit dabei sein. Die Einfuhr von frischem Fleisch, Wurstwaren oder Molkereiprodukten ist nicht gestattet.

Haustiere
Haustiere können aufgrund der strengen Quarantänebestimmungen nicht mitgenommen werden.

Anreise
Mit den „Irish Ferries" direkt ab den französischen Häfen Le Havre oder Cherbourg nach Rosslare oder Cork. Die beiden Schiffe der irischen Fährgesellschaft brauchen für die Fahrten zwischen 17 und 22 Stunden. Die Atmosphäre an Bord ist angenehm, die verschiedenen Kabinenkategorien sind gepflegt, das Essen ist gut und reichhaltig. Informationen in jedem Reisebüro oder beim Generalagenten: Karl Geuther GmbH, Martinistr. 58, 28195 Bremen. Reservierungen sind vor allem in der Hauptreisezeit Juli und August obligatorisch.

Unterkunft
Vom einfachen, aber sauberen und immer herzlichen „Bed & Breakfast" für rund DM 20,– bis DM 30,– pro Person bis hin zum Schloßurlaub für DM 300,– bis DM 400,– am Tag ist in Irland alles zu finden. Die vom Irischen Fremdenverkehrsamt kontrollierten Übernachtungsbetriebe werben mit einem grünen Kleeblatt. Dort ist man immer gut aufgehoben. Die Irische Fremdenverkehrszentrale verschickt umfangreiches Material zu den einzelnen Kategorien.

Dromoland Castle
Dieses Schloßhotel zählt zu den besten Hotels Europas. Die Geschichte des Gebäudes reicht bis in das 16. Jahrhundert zurück. Das Schloß ist von einem 150 Hektar großen Park umgeben, der einen wunderschönen Golfplatz beherbergt. Im hoteleigenen See und den beiden Bächen kann man wunderbar auf Forellen fischen. Die Unterbringung ist zwar nicht gerade billig, doch kann man auch nur einen Ausflug zu diesem sehenswerten Besitz unternehmen.
Dromoland Castle, Newmarket-on-Fergus, Clare, Telefon: 061/368144

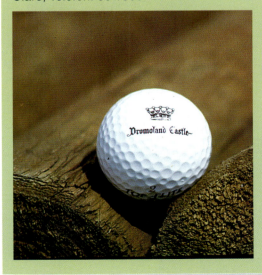

Verpflegung

Die irische Küche wartet mit erlesenen Spezialitäten auf: frischer und geräucherter Lachs, frische Forellen, Austern, Muscheln, Rind- und Lammfleisch. Die frischen Käsesorten sind zum Teil erstklassig. Die Preise liegen etwas höher als in Deutschland. Vorsicht vor den Menüs in den Touristenhochburgen: zu überhöhten Preisen kommt viel zu wenig und zum Teil schlecht zubereitetes Essen auf den Tisch.

Kleidung

Legere Freizeitkleidung ist auch in guten Restaurants oder Hotels angebracht. Aufgrund des Wetters sollten auch im Sommer Pullover und ein Regenschirm im Gepäck sein.

Devisen

Für irische oder ausländische Währung besteht keine Einfuhrbeschränkung. Bei der Ausreise dürfen nur bis zu 100 irische Pfund, ausländisches Geld bis zu einem Gegenwert von 500 irischen Pfund ausgeführt werden. Ein irisches Pfund entspricht in etwa DM 2,50. Kreditkarten werden nahezu überall akzeptiert, Euroschecks in Banken gewechselt.

Benzin

Alle Sorten sind fast überall erhältlich. Diesel liegt derzeit zwischen DM 1,30 und DM 1,40, das Normalbenzin um 10 bis 20 Pfenninge pro Liter darüber. Tankstellen sind in ausreichendem Maße vorhanden.

Kriminalität

Die Kriminalitätsrate liegt unter der des übrigen Europa, nur in den größeren Städten ist, wie überall auf der Welt, Vorsicht geboten.

Karten / Literatur

„Irland" aus der Reihe der „APA-Guides" ist empfehlenswert, Karten gibt es im Maßstab von 1 : 250 000 für die Regionen Nord, West, Ost und Süd von der „Ordnance Survey" zum Preis von DM 18,80 überall im deutschen Buchhandel. In Irland sind diese Karten um mehrere Mark billiger. Ausführliches und auf Teilgebiete zusammengestelltes, vorzügliches Informationsmaterial gibt es auch bei der Irischen Fremdenverkehrszentrale.

Informationen

Irische Fremdenverkehrszentrale, Untermainanlage 7, 60329 Frankfurt/Main, Telefon: 069/233341

Killarney

Dieser idyllische Ort ist ein idealer Ausgangspunkt für Unternehmungen in Kerry. Der Gap of Dunloe, ein Wanderweg, der auch mit Pferdekutschen befahren oder auf dem Pferderücken gemeistert werden kann, ist landschaftlich herrlich gelegen. Der Rückweg über eine eindrucksvolle Seenlandschaft endet bei Ross Castle, einem Schloß aus dem 15. Jahrhundert, das mit sehr viel Fingerspitzengefühl restauriert worden ist. Die karge Möblierung stammt aus der Entstehungszeit der Festung. Ganz anders dagegen Killarney Manor, ein Herrschaftshaus, in dem heute Bankette durchgeführt werden. Bei irischer Musik und Tanz füllen besonders Reisegruppen aus ganz Europa und den USA den Saal.

Übernachtungstip: Kathleens Country House, Tralee Road, Killarney, Kerry, Telefon: 064/32810. Hier ist wirklich die irische Gastfreundschaft zu Hause.

Musik und Tanz in Killarney Manor.

TRENTINO

Schotter und ein wenig Nervenkitzel

„In das Herz der Alpen eingebettet, hat das Trentino eine Gesamtfläche von 6200 Quadratkilometern. Es erstreckt sich von den mehr als 3500 Metern hohen, ewigen Gletschern bis zum mittelmeerähnlichen Klima des Gardasees. Die Berge nehmen mehr als 70 Prozent des Gebietes des Trentino ein. Das Gebirge ist von jeher untrennbar mit dem Menschen im Trentino verbunden und hat jahrhundertelang das Leben und die Geschichte von Generationen beeinflußt, die zu einem mühevollen und arbeitsreichen, von Einsamkeit geprägten Leben gezwungen waren. Dann hat sich die Alpenregion mit der Entwicklung des Tourismus in eine natürliche Energiequelle verwandelt, die Wachstum, Entwicklung und Wohlstand mit sich brachte. Das Gebirge ist Hauptfaktor des touristischen Angebots unserer Region, das Herz unserer Landschaft;

Im Norden Italiens liegt unser Tourengebiet.

darüberhinaus ist es ein allgemeines Gut, das wir über Grenzen, Rassen oder Sprachen hinweg verteidigen und schützen müssen, um es den kommenden Generationen in einem guten Zustand zu übergeben. Deswegen schützen im Trentino Gesetze und Verordnungen die Natur und die Berge mit Blick auf ein ausgeglichenes und logisches Miteinander und Nebeneinander mit dem Tourismus und jeder anderen Aktivität des Menschen."

So schreibt Dr. Giorgio Tononi, Landesminister für Tourismus der Autonomen Provinz Trient in seinem Vorwort zu einem Wanderführer und gibt damit auch schon die Richtung der politischen Interessen vor. Tourismus ja, aber verbunden mit dem Schutz der Natur. Für den Geländewagenfahrer bedeutet dies, daß die überwiegende Zahl der äußerst reizvollen Hochgebirgspisten inzwischen gesperrt ist, was allerdings dem 4x4-Vergnügen keinen Abbruch tut. Ganz im Gegenteil. Man findet im Trentino genügend On-road-Strecken zum Genießen, für Schotter und Nervenkitzel ist es nur ein kurzer Abstecher in die benachbarten Provinzen.

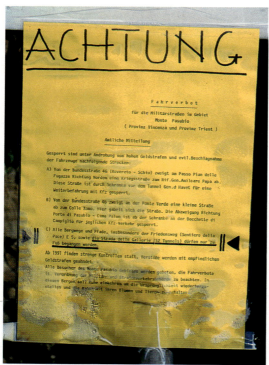

Verbotsschilder sind jetzt häufiger anzutreffen.

Im Sommer sind Skigebiete keine Augenweide.

Annäherung an das Trentino auf bekannten Wegen. Die Brennerautobahn bei relativ wenig Verkehr im Spätsommer runter, bei Rovereto Süd rechts weg und eingereiht in die unvermeidliche Autoschlange zum Gardasee. Das Wochenende steht vor der Tür, auf jedem zweiten Dach sind die Surfbretter montiert, die Kennzeichen kommen zu 95 Prozent aus Deutschland. Im gemäßigten Tempo geht es nach Torbole, Stoßstange an Stoßstange weiter nach Riva. Wir kommen uns vor wie auf der A 3 zwischen Würzburg-Kist und Randersacker. Nur die milde Luft, die Obstbäume, die sich unter der Last der Früchte biegen und die Weinstöcke, die vor prallen, dunkelblauen Trauben nur so strotzen, belehren uns eines Besseren. Wir sind tatsächlich auf der Südseite der Alpen, aber eben am Gardasee, jenem Fleck, der auf die Lemminge aus dem Norden eine fast magische Anziehungskraft auszuüben scheint. Dennoch: Vereinzelt tauchen an den Hotels und Pensionen am Straßenrand sogar Schilder mit der Aufschrift „Zimmer frei" auf.

Uns hat man das „Miravalle" empfohlen, das sich als gemütliches Haus entpuppt. Noch mehr von Vorteil ist allerdings das Hobby des Besitzers: er fährt Enduro und hat für seine Freunde schon mal ein „Roadbook" geschrieben. Die erste Euphorie erfährt allerdings schnell einen Dämpfer. Die meisten Strecken sind nur für Motorräder befahrbar, inzwischen zum Teil aber auch schon gesperrt, für uns Geländewagenfahrer gebe es hier lediglich die Gegend um den Tremalzo-Paß. Wenigstens etwas, schließlich kann man die bekannte Strecke auch quasi von hintenrum angehen. Auf der Uferstraße bis kurz hinter Limone der gewohnte Anblick: bumper to bumper. Kurz hinter Limone schlagen wir uns rechts in die Büsche. Steil auf asphaltiertem Weg hoch haben wir bald den Gardasee unter uns gelassen. Im Sonnenlicht glänzen tausende von Segel, es scheint, als könne man den See trockenen Fußes, quasi von Surfbrett zu Surfbrett springend, überqueren. Der Gardasee ist mit seinen 370 Quadratkilometern Fläche der größte See Italiens. Olivenbäume, Zitrusgewächse, Palmen, Oleander und Kamelien säumen den Weg, der sich zum Talschluß hin immer mehr verengt.

„Passo Nota" steht auf den Schildern, denen wir folgen, in den verschiedenen Karten ist die Straße mal als Nebenstraße, mal als sonstige Straße eingezeichnet. Eigentlich kann keine der beiden Angaben stimmen, denn der Asphalt ist längst zuende. Tiefe Auswaschungen und enge Kehren, in denen man manchmal sogar zurücksetzen muß, bestimmen inzwischen das Bild. Grobes Gestein, ordentliche Felsbrocken und der Abgrund mahnen zur Vorsicht. Schier endlos winden sich die Kehren bergan. Die Straßenbauer haben hier eine kühne Trasse angelegt, einen Aussichtsbalkon hoch über dem türkis schimmernden See. Immer wieder Tunnels, stockfinster, naß und nicht ungefährlich. Ein hoher Sandwall quer über die Piste versperrt den Weiterweg, nur gut, wer etwas zusätzliche Bodenfreiheit hat. Endlose Kurbelei am Lenkrad, die erst oben auf der Paßhöhe, am Ristorante Garda, ihr Ende findet.

Auf dem Parkplatz stehen zahlreiche Motorräder, die über die „Rennstrecke" aus dem Val di Ledro hier heraufgejagt sind. Vor allem an den Wochenenden artet die Fahrt auf dieser Route in regelrechte Rennen aus, zahlreiche Unfälle sprechen für sich. So ist es für uns eine leichte Entscheidung, den Schotter erst gar nicht zu verlassen und auf holprigen Pisten wieder hinunter zum See zu fahren.

Welch ein Unterschied. Die Brennerautobahn scheint nicht nur eine Sprachgrenze zu sein, sie scheint auch ganze Nationen zu trennen. War auf der Seite des Gardasees deutsch schon fast die Umgangssprache, ist es auf der anderen Seite der Autobahn die italienische Sprache, die in ihrem Heimatland endlich zu ihrem Recht kommt. Kaum ein Auto auf dem Weg hinauf zum Passo Pian delle Fugazze. Und wenn, dann mit italienischen Kennzeichen. Wir sind auf dem Weg zum Pasubio und damit zu einer geschichtsträchtigen Ecke des Trentino.

Während des Ersten Weltkrieges verlief in diesem Gebiet die italienisch-österreichische Front und besonders der Pasubio, der von den Italienern besetzt war, spielte eine zentrale, unheilvolle Rolle. Nach einem fast zwei Jahre anhaltenden, mörderischen Stellungskrieg wurden mit Beginn des Fühjahres 1917 von beiden Seiten her Stollen unter die Pasubio-Hochfläche getrieben. Die Österreicher gruben vom Col Santo aus Stollen bis 50 Meter unter den Pasubiokopf, wo die Italiener den Berg bereits vielfach unterminiert hatten. Ab März 1918 konnte von keiner

Seite aus weiter vorgedrungen werden, die Stollen grenzten schon fast aneinander. Am 23. März 1918 wurden die Italiener unter den einstürzenden Felsmassen des Pasubio begraben. Die Österreicher hatten 60 000 Kilogramm Sprengstoff zur Explosion gebracht, um den ganzen Bergkopf wegzusprengen; der Kampf am Pasubio war zuende.

Bis vor kurzem war es noch möglich, motorisiert auf den alten Kriegswegen zu den früheren Fronten zu gelangen. Inzwischen sind diese Pisten gesperrt. Schilder in deutscher Sprache verbieten unter Androhung hoher Bußgelder die Fahrt auf diesen Strecken, die angebrachten Schranken allein haben so manchen Motorsportler offenbar nicht davon abgehalten, weiter vorzudringen. Nur gut, wenn man die Wanderschuhe im Auto hat. Die Strada degli Eroi (Straße der Helden) ist unbedingt einen Besuch wert. Die verschiedenen Mahnmale stimmen traurig und nachdenklich, hier ist kein Heldenglanz zu spüren. Immer wieder stößt man übrigens auf der Tour durch das Trentino auf den Sentiero della Pace, den Friedenspfad. Dieser Wanderweg entlang der früheren Frontlinien mahnt und lehrt zugleich, will für das friedliche Zusammenleben der Völker und eine bessere Zukunft werben.

Die Landschaft verändert sich dramatisch. Am Morgen, am Gardasee, war sie noch lieblich, sanft und grün, jetzt, am späten Nachmittag, im Herzen der Pala-Gruppe bei San Martino di Castrozza, ist sie herb, abweisend und weiß. Kahle, schroffe Berggipfel bestimmen die Szenerie, gewaltige Höhenunterschiede die einzelnen Strecken. Von 500 Metern Meereshöhe hinauf auf über 2000 Meter am Passo Cinque Croci, dann wieder runter, um beim Passo Manghen wieder auf über 2000 Meter zu klettern. Eine Achterbahnfahrt für den Wagen und das Gefühl. Freiheit auf vier Rädern muß nicht immer Offroad sein.

Jürgen Hampel

Bis auf 2000 Meter windet sich ein enges Sträßlein zum Passo Manghen hoch. Landschaftlich eine reizvolle Tour, auch wenn die Strecke asphaltiert ist.

Trentino

Roadbook I
Ausgangspunkt ist Limone am Gardasee aus Richtung Riva del Garda kommend.

km	Ort	Fahrtrichtung	Anmerkung/Tips
0,00	Limone Fahrtrichtung Süd	→ Tremosine	
0,90/0,90	✘	↑	Olivenbäume
2,00/1,10	Tremosine	↑	
2,70/0,70	Bazzanega		
3,70/0,10	✘ Ustecchio = 0,00	↑	
1,10/1,10	Voltino	↑	
1,55/0,45	Voltino Ort	↑	
3,20/1,75	✘ Vesio	→ Sermerio/Vesio	
3,50/0,30	Y	←	
4,20/0,70	✘	sehr scharf → Tremalzo	
4,70/0,50	✘	↑ Passo Nota	
5,80/1,10	✘	↑	
6,00/0,20	Y	→	
6,90/0,90	Y	↑ ← halten	
7,90/1,00		über kleine Brücke	Schotterweg
8,70/0,80	Y	←	rechts über Wasser gesperrt! sehr ausgewaschene Fahrbahn!
13,50/4,80	✘	scharf ←	Grillplatz
13,80/0,30			Beginn Teerstraße, kurz danach wieder Schotter
16,10/2,30			schöner Ausblick!
22,90/6,80	Ristorante Gardo Tremalzo Pass		Ende

Roadbook II
Zum Pasubio und weiter zum Passo Xomo. Hier ist seit einiger Zeit vieles gesperrt.

km	Ort	Fahrtrichtung	Anmerkung/Tips
0,00	Rovereto Ortsausgangsschild	SS 46 Vicenzol	
25,50/25,50	Passo Pian delle Fugazze		
28,70/3,20	✘	← Posina Passo Xomo	Ponte Verde
31,20/2,50			enge Straßen, Kurven nicht einsehbar schöner Ausblick!
34,00/2,80	✘ Posina (nur Schild) Passo Xomo	↑	Strada de 51 Gallerias gesperrt Ende

Trentino

Kaum Platz für zwei Verkehrsteilnehmer am Passo Nota.

Trentino

Der Wink mit dem Zaunpfahl: Öfter mal wandern.

Trentino

Roadbook III
Anschluß an Roadbook I oder eigene Strecke, die oben am Tremalzo beginnt.

km	Ort	Fahrtrichtung	Anmerkung/Tips
0,00	Ristorante Garda Tremalzo Pass	am Parkplatz die Schotterstr. runter	Schild Parco Alto Garda Achtung Mountainbiker!
5,00/5,00			Wasserfall
6,70/1,70	✘	←	
13,30/5,60	✘	→	
13,70/0,40	Y	← über Brücke	
16,50/2,80	✘	↑	
16,90/0,40	✘	→ nicht Sermerio kleine ✘ vor großer ✘ Serpentinen 12 % abwärts	Teerstr.
25,40/8,50	✘	↑ Gardola	
26,20/0,80		↑	
26,70/0,50	Tignale		
26,90/0,20	✘	← Salo	
31,10/4,20	Y	← Piovere runter	
33,90/2,80			Treffen auf Uferstr. Ende

Roadbook IV
Der Ausgangspunkt liegt auf dem Weg von Rovereto in Richtung Osten auf der Straße 349.

km	Ort	Fahrtrichtung	Anmerkung/Tips
0,00	✘ von Lavarone nach Asiago/ Gallio auf der 349	← Valle di Galamarara	
7,60/7,60	✘	↑	
12,30/4,70	Y	↑	
12,90/0,60	Y	↑	Kaiser-Karl-Straße
		zurück auf demselben Weg Stein = 0,00	
0,00	Stein		
0,60/0,60	Y	←	
2,55/1,95	Y	→	
5,05/2,50	Y	→	
5,25/0,20	Y	→	
5,35/0,10	Y	←	
9,75/4,50	Y	←	
11,05/1,30	Y	→	
12,85/1,80	✘	→	
15,35/2,50	Y	→	
17,60/2,25	Y	↑ Enego	Teerstr.
19,65/2,05	✘	← Enego	
22,85/3,20	Y	→ Enego	entweder über Schotterstr. 14 km via Lambaro oder ↑ über Teerstr. Ende

Roadbook V
Rund um San Martino di Castrozza im Herzen der Pala-Gruppe.

km	Ort	Fahrtrichtung	Anmerkung/Tips
0,00	Imer	Feltre	
		Ortsschild gleich darauf →	
0,70/0,70	Y	→ Passo Brocon	
6,30/5,60	Gobbera	↑	
7,50/1,20	Y	↑ Canal San Boro	
9,15/1,65	Y	← Canal San Boro	
10,80/1,65	Y	→ Canal San Boro	gleich darauf Ortsschild
12,90/2,10	Y	→ Caoria	
14,25/1,35			Wasserfall →
17,50/3,25	Ort Caoria		
18,20/0,70	Y	← Refavaie	
18,70/0,50	Y	←	
23,70/5,00		vor Brücke ←	rechts Refugio Refavaie Verbotsschild darf nach Aussage des Wirtes des Refugio ignoriert werden! Unbedingt nachfragen!
ca. 25,70/2,00	Y	← = 0,00	
11,35/11,35	Paßhöhe		links 5 Eisenkreuze
12,70/1,35	Y	↑	
14,10/1,40	Y	←	
14,70/0,60	Y	↑	
16,55/1,85			Beginn Teerstr.
17,40/0,85	Parkplatz		Ende

AUF EINEN BLICK

Geografie

Die Provinz Trentino grenzt im Norden an Südtirol, im Südosten an Venetien und im Südwesten an die Lombardei. Seit jeher gelten als andere wichtige Bezugspunkte für die Lokalisierung des Trentino der Gardasee im Süden und die Dolomiten im Norden. Die Fläche des Trentino beträgt 6217 Quadratkilometer, die Hauptstadt ist Trient, in der rund 100 000 der insgesamt rund 450 000 Menschen wohnen, die im Trentino leben.

Geschichte

Wissenschaftlich dokumentierte Funde sind Zeugen dafür, daß das Etschtal bereits im Zeitalter der Vorgeschichte ein Durchzugsgebiet von europäischer Tragweite war. Jedoch erst um 40 vor Christus, als die Römer dieses Gebiet eroberten und sich hier ansiedelten, kann von Geschichte gesprochen werden. Nach dem Sturz des Kaiserreiches lösten sich nach und nach, über einen Zeitraum eines halben Jahrtausends, Odoaker, Ostgoten, Franken, Byzantiner, Langobarden und das deutsche Kaiserreich in der Herrschaft ab. Konrad II. war es, der in den ersten Jahren des ersten Jahrtausends das Fürstentum von Trient errichtete. Bis 1800 lösten sich 51 Fürstbischöfe ab, die auch weltliche Macht besaßen. Das Trentino ging schließlich nach der Zeit Napoleons innerhalb eines Jahrzehnts von der österreichischen Regierung zur bayerischen und dann zum italienischen Reich über, bis es im Jahre 1816 endgültig an Tirol angeschlossen wurde und bis 1918 eine eigene Provinz darstellte. Nach dem Ersten Weltkrieg ging die Region an Italien über. 1927 wurde das Territorium in die Provinzen Trient und Bozen aufgeteilt.

Landschaft

Das Gebiet der Provinz Trentino ist von Bergketten umgeben und durchzogen. Ein stetes Auf und Ab mit tiefen Tälern und hohen Bergen kennzeichnet die Region, die zudem fast 300 Seen aller Größen, sowie über 100 Flüsse und Wildbäche aufweist. Der extrem unterschiedlichen Höhenlage zwischen 70 Meter in Riva am Gardasee und 3769 Meter am Monte Cevedale verdankt das Trentino einen außergewöhnlichen Reichtum an Fauna und Flora. Nahezu die Hälfte des Territoriums ist von Wäldern bedeckt.

Kunst / Kultur

Abgesehen von den Bergen und Seen birgt das Trentino zahlreiche kulturelle Schätze. Viele religiöse Gebäude besitzen einen besonderen geschichtlichen und künstlerischen Wert. Dazu kommen die Herrschaftshäuser und Burgen, von denen eine große Anzahl zur Besichtigung frei-

Mit etwas Rücksichtnahme kommt man gut miteinander aus.

gegeben ist. Nahezu 20 Museen und zahlreiche Kunstsammlungen sind ebenso von Interesse, wie die geschichtlichen Ausstellungen zur Historie des Trentino. Einige Veranstaltungen haben überregionale Bedeutung, wie das Internationale Filmfestival für Berg- und Forschungsfilme in Trient oder das Ost-West-Festival in Rovereto.

Trentino

Dazu kommen das Mozart-Festival in Rovereto sowie örtliche Veranstaltungen mit Ballett, Musik, Tanz oder den bildenden Künsten.

Freizeitangebot / Sport
Die Bandbreite des Trentino erlaubt im Sommer wie im Winter jegliche Art von sportlicher Aktivität.

Offroadfahren
Beschränkt sich im Trentino bis auf wenige Ausnahmen auf Onroad-Strecken, die allerdings landschaftlich hervorragend sind. Richtige Offroad-Strecken finden sich in unmittelbarer Nachbarschaft.

Reisezeit
Spätes Frühjahr, Sommer, früher Herbst. Jeder muß seinen Kompromiß finden. Im August sind zwar alle Strecken, die auf über 2000 Meter hinaufführen, geöffnet, doch sind dafür die Orte überlaufen. Mitte September kann schon der erste Schnee fallen, doch ist diese Zeit unseres Erachtens ideal.

Einreise
Personalausweis oder Reisepaß, grüne Versicherungskarte, Führerschein, Fahrzeugpapiere.

Anreise
Über die Brennerautobahn bis Rovereto Nord und dann zum Gardasee oder bis Neumarkt/Auer und dann über den Rollepaß nach San Martino di Castrozza.

Unterkunft
Zahlreich, vom 4-Sterne-Hotel über Privatunterkünfte, Campingplätze, Schutzhütten bis hin zu Bauernhöfen. Auf unseren Touren waren wir immer bestens aufgehoben in Riva del Garda, Hotel Miravalle, Via Monte Oro 9, 38066 Riva del Garda, Telefon: 0464/552335, sowie in San Martino di Castrozza, Hotel Margherita, Via Passo Rolle 187, 38058 San Martino di Castrozza, Telefon: 0439/68140.

Verpflegung
Bars, Pizzerias und gute Restaurants aller Preisklassen sind überall reichlich zu finden. Preise in etwa wie in Deutschland.

Bekleidung

Im Herbst kann es abends, in den Höhenlagen den ganzen Tag über schon empfindlich kalt werden. Pullover und Jacke gehören ebenso wie Regenschutz in das Gepäck. Feste Schuhe sind für die Wanderungen ein Muß.

Verständigung

Rund um den Gardasee in deutscher Sprache, auf der anderen Seite, in Richtung Pala-Gruppe und San Martino di Castrozza fast nur italienisch.

Devisen

Für eine Mark erhält man derzeit rund 950 Lire. Umtausch vor Ort ist empfehlenswert.

Benzin

Überall erhältlich, Eurosuper derzeit rund DM 1,70 pro Liter, verbleites Super DM 1,80 und Diesel DM 1,30. An den Wochenenden sind die meisten Tankstellen geschlossen, der Tankautomat akzeptiert allerdings 10 000 und 50 000 Lire-Noten.

Karten

Zur ersten Orientierung dient die Euro-Länderkarte Schweiz, Süddeutschland, Tirol, Norditalien im Maßstab 1: 400 000, RV-Verlag, vor Ort leistet die ADAC-Karte Südtirol, 1: 150 000 gute Dienste.

Informationen

Enit, Italienisches Fremdenverkehrsamt, Goethestrasse 20, 80336 München, Telefon: 089/ 530369, Telefax: 089/ 534527. In jedem größeren Ort finden sich zudem regionale Fremdenverkehrsbüros, die sehr hilfreich sind und über gutes Informationsmaterial auch in deutscher Sprache verfügen.

Immer wieder versperren Schilder den Weg. Gerade im Trentino sind die Grenzen für Geländewagen- und Endurofahrer eng gesteckt. Doch auch die Onroad-Pisten haben ihren Reiz.

Trentino

Stark auf der Straße.
Stark im Gelände.

Bridgestone ist einer der weltweit führenden Hersteller von Off Road-Reifen und hat für nahezu jedes Fahrzeug und jedes Einsatzgebiet die richtigen Reifen. Neu im Angebot ist z. B. der HTS 686. Ein Reifen für alle Geländewagenfahrer, die ihr Fahrzeug hauptsächlich on road nutzen, d. h. auf Straßen und Autobahnen fahren. Der HTS 686 hat Pkw-ähnliche Fahreigenschaften, ein attraktives, laufrichtungsgebundenes Profil, einen hervorragenden Grip auf trockener und nasser Fahrbahn, enorme Sicherheitsreserven im Hochgeschwindigkeitsbereich und ein niedriges Geräuschniveau. Sprechen Sie Ihre Reifen-Fachhändler auf das Bridgestone Off Road-Reifen-Angebot an.

BRIDGESTONE REIFEN GMBH · Bredowstr. 20 · 22113 Hamburg
Tel. (040) 7 33 65-0 · Fax (040) 7 33 15 87 · Telex 2 162 189

ANDALUSIEN

ANDALUSIEN

Hitze, Staub und leere Straßen

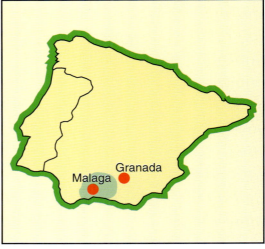

Rund um Malaga liegt ein Offroad-Paradies.

Die Kehle ist trocken, das Haar vom Staub verfilzt. Die Sonne brennt vom wolkenlosen Himmel. Endlose Kurbelei am Lenkrad. Schon seit rund zwei Stunden folgt Kurve auf Kurve, zieht sich die Straße mal dreihundert, vierhundert Meter hinauf, um dann abrupt wieder ins Tal zu fallen. Oben, an der Kuppe, verliert sich die Piste, schweift der Blick ungehindert in den Himmel, so steil senkt sich die Strasse anschließend wieder abwärts. Eine Achterbahn ohne Notbremse. Die Federn ächzen, die Hecktür klappert schon seit einigen Tagen. Spanien mit dem Geländewagen heißt das kleine Abenteuer, auf das wir uns eingelassen haben. Wir sind in Andalusien, dem grünen, hügeligen, staubigen, endlosen, herrlichen Hinterland der Costa del Sol. Vergiß' die Sierra Nevada, Granada mit seiner Paßstrasse hinauf zum Pico del Veleta, vergiß' den Abgaßgestank von tausenden von Autos, die allein vom Namen Sierra Nevada angelockt worden sind. „Bumper to bumper", nennt der Amerikaner die Tortur hinauf zu den Schneefeldern, „zähflüssiger Verkehr" heißt es in den Verkehrsnachrichten.

In Ordnung, die Berge hinter Malaga sind nicht so hoch wie die Gipfel der Sierra Nevada und Schnee gibt es auch keinen. Dafür haben wir schon seit Stunden kein Auto mehr gesehen, suchen uns unseren Weg anhand von ungenau-

Staubige Pisten finden sich überall in Andalusien.

Andalusien

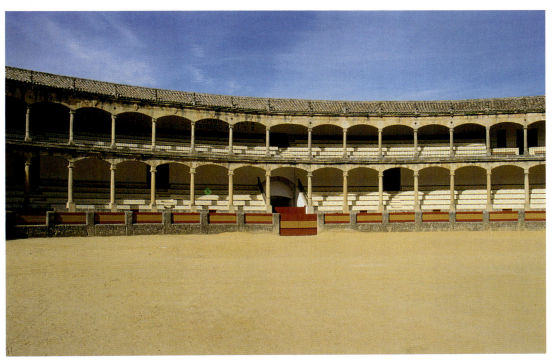

In der Arena von Ronda wurde Pedro Romero „unsterblich".

en Karten und der Hilfe einheimischer Ziegenhirten. Unbekanntes Andalusien, nur 40 bis 50 Kilometer Luftlinie von den Stränden am Mittelmeer entfernt. Ein Katzensprung zum Jet Set von Marbella mit den Millionärsjachten und doch mehr als eine Welt davon entfernt.

Endlich taucht eine Venta auf, eines der typischen Gasthäuser Andalusiens. Aus dem grellen Sonnenlicht der Mittagshitze tauchen wir in kühle, dunkle Räume. Uralte Holzbalken an der Decke, der Steinfußboden abgelatscht von den Tritten unzähliger Gäste mehrerer Generationen. Zwei Katzen streichen durch die Räume, die Köchin ist dick. Ein gutes Zeichen, offenbar ist sie mit ihrer eigenen Küche zufrieden. Eine einfache Speisekarte auf Spanisch. Nicht übersetzt in Deutsch, Englisch, Französisch und Holländisch, wie in den „typischen" Lokalen in den Touristenhochburgen an der Küste.

Wir wagen uns an „Migas" und „Olla", ohne zu wissen, was uns erwartet. Wir sind die einzigen Gäste, die Küche muß erst mit knorrigen Holzscheiten angefeuert werden. An den Wänden des Gastraumes hängen uralte Pistolen, Vorderlader. Wahrscheinlich haben diese Waffen durch explodierende Läufe bei ihren Besitzern mehr Unheil angerichtet, als beim Gegner. Alte Bilder von Stierkämpfern, Gefängnisutensilien. Der Innenarchitekt muß bei der Vielfalt der Stile wohl mehrfach gewechselt haben. Der Wein ist süß, fast ein wenig harzig. Doch das Essen ist vorzüglich, „Migas" entpuppt sich als ein Brotkrumengericht, „Olla" als ein Eintopf aus Kichererbsen, weißen Bohnen und Schweinefleisch.

Beim Nachtisch erfahren wir auch, dank eines alten, englischen Zeitungsausschnittes, wo wir überhaupt gelandet sind. Die „Venta de Alfarnate" war Haltepunkt, Gasthaus, und auch Refugium der Strassenräuberbanden auf dem Weg nach Ronda. Der berüchtigte Bandit „El Tempranillo" machte hier zwischen seinen Raubzügen öfters Station. Später wurde in dem Gebäude das Gefängnis Los Migueletes" eingerichtet. Gegen Ende des vorigen Jahrhunderts entstand aus der Anlage aber wieder eine „Venta", die vorwiegend von den aus Granada in Richtung Küste ziehenden Maultiertreibern besucht wurde.

Heute ist die „Venta" ein kleines Museum und wird gerne von den eher zufällig vorbeikommenden Touristen besucht. Nun erklärt sich auch die mit dem Computer geschriebene Rechnung. Modernste Technik in ältesten Gemäuern. Und doch von Touristenmassen keine Spur, wir bleiben die einzigen Gäste, an einem Mittwoch, mitten im September.

Überhaupt, während der ganzen 10 Tage, die wir auf abenteuerlichsten Wegen durch Andalusien unterwegs sind, treffen wir auf nur wenige Autos. Ziegenherden begleiten unseren Weg, alte Korkeichen säumen die staubigen Pisten, die auf keiner Karte verzeichnet sind und sich doch wie ein Labyrinth durch das Hinterland ziehen. Es gibt kaum Wegweiser, die „pista de tierra", die unbefestigte Piste, die wir immer wieder suchen, ist nur wenigen Einheimischen bekannt. Auf unsere Fragen nach dem Weg ernten wir meist nur ungläubiges Kopfschütteln. Es bleibt den Bauern unbegreiflich, daß sich jemand freiwillig auf Schotter und Staub begibt, kleinere Flußdurchfahrten geradezu sucht, anstatt die breiten Nationalstrassen zu benutzen.

Ein Allrad-Abenteuer? Sicher keine Herausforderung wie eine Sahara-Durchquerung. Das Abenteuer liegt eher im Verborgenen, in der Begegnung mit gastfreundlichen Menschen und einem Landstrich, der sicherlich zu den Schönsten in Europa zählt.

Die Landschaft wechselt mit jeder Stunde. Haben gerade noch Korkeichen mit ihren geschälten Stämmen den Weg gesäumt, ist es jetzt ein Tal voller Zitrusfrüchte. Zitronen und Limonen bis zum Horizont. Und nach der nächsten Kurve liegt ein breites Tal voller Olivenbäume. Olivenbäume, so weit das Auge reicht.

Das Abenteuer unserer Reise liegt aber auch in der Begegnung mit der jahrtausendalten Kultur Andalusiens. Man muß sich nur Zeit nehmen und bereit sein für das kleine Abenteuer „Fremde", um einen Urlaub zu genießen, den es nicht im Reisebüro zu buchen gibt.

„Cueva de la Pileta", der kleine Wegweiser hat uns neugierig gemacht. Eine Höhle in der weiten Karstlandschaft bei Benaojan. Ein holpriger Weg leitet zu einem kleinen Parkplatz, der vielleicht 20 Wagen Platz bietet. Ein Trampelpfad führt bergan. Auf halbem Weg zum Eingang kommen uns Urlauber aus Deutschland entgegen. Stocksauer. 45 Minuten hätten sie nun oben gewartet, doch der Führer wollte mindestens 15

Hoch oben auf dem Berg liegt das malerische Ronda.

Personen beisammen haben, ehe er den Rundgang beginnt. 12 Besucher seien sie gewesen. Jetzt hätten sie genug. Wir lassen uns nicht beirren. Nach weiteren 20 Minuten Wartezeit sind wir 17 Leute, wir dürfen in die Höhle.

Kein künstliches Licht. Nein, vier Kerosin-Funzeln müssen ausreichen. Ohne das Licht ist es stockdunkel. Erstaunlich, wie die Fledermäuse ihren Weg finden. Mit unseren Lampen scheuchen wir sie aus dem Schlaf, hunderte. Die Höhle gehört zu den größten der Welt. Erst einer von fünf Sälen ist bislang erforscht worden. Und obwohl wir nur einen kleinen Teil dieses Saales entdecken, sind wir doch über zwei Stun-

den unterwegs. Zwei Stunden in einer anderen Welt, einer Welt voller Dunkelheit und klammer Nässe.

Immer wieder Höhlenzeichnungen. Figuren, die Hirsche darstellen, ein Strichmännchen, jagdbare Tiere, ein Gitter, das wohl einen Käfig darstellen soll und Striche. Ein Kalender, erläutert der junge Führer. Und dann, weit hinten, das fast perfekte Profil eines Fisches. Ein paar Striche nur, doch der Fisch scheint lebendig. Hat der Künstler bewußt die Wölbung des Felsens eingesetzt, um einen fast dreidimensionalen Eindruck zu erzeugen? Es wird wohl sein Geheimnis bleiben. Ganz am Ende des Saales ein tiefer Abgrund. Über 200 Meter geht es dort in die Tiefe. Bei einer ersten, kurzen Untersuchung hat man dort unten menschliche Knochen entdeckt. Es warten noch viele Rätsel in der Höhle von Pileta auf Antworten.

Raus aus dem Dunkel, hinein ins Licht. Der Nationalpark Torcal bei Antequera ist eines der merkwürdigsten und seltensten Naturphänomene der Welt. Die einer Mondlandschaft gleichende Region hat schon als Kulisse für viele phantatische Filme gedient. Das Gelände, eines der karstigsten der Welt, umfaßt rund 17 Quadratkilometer. Gruppen von Steinen und Felsen bilden bizarre und extravagante Figuren, die wie von Bildhauer-Hand geschaffen erscheinen und Namen wie „Sphinx", „das Fernglas", oder „der

Haarknoten der Dona Elvira" tragen. Ein Teil des Gewirrs von Pfaden und Wegen durch das Gebiet ist mit Pfeilen markiert und bietet so Wanderrouten von unterschiedlicher Länge. Schilder warnen ausdrücklich davor, die markierten Wege zu verlassen. Einige Besucher mußten schon von Rettungsteams gesucht werden, da sie sich heillos verlaufen hatten.

Wir haben uns verfahren. Wieder einmal wollten wir der Landkarte einen Streich spielen und den unbefestigten Pisten folgen, die sich ohne Wegweiser durch die Gegend schlängeln. Eine Orientierung ist schwierig. Die Strecke windet sich in alle Himmelsrichtungen, scheint keine Generalrichtung beizubehalten. Auf einer schmalen Brücke ist Schluß. Nur rund 20 Meter trennen uns von einem frischen Asphaltband. Doch die Brücke ist zum größten Teil eingestürzt. Für den 300 GD kein Problem. Schnell ist der Einstieg in das kleine Bachbett gefunden. Einige hundert Meter den Bachlauf entlang, dann wieder steil hinauf. Wieder einmal hat sich bewährt, daß wir im Geländewagen unterwegs sind.

Die „Molino del Santo" ist ein gemütliches Hotel.

Schon seit einigen Minuten liegt Brandgeruch in der Luft. Die nächste Biegung bringt Gewißheit. Erst vor kurzem ist hier ein riesiger Wald ein Raub der Flammen geworden. Schwarz ragen die Baumstämme wie leblose Stümpfe in den Himmel. Fast eine halbe Stunde windet sich die Strecke durch diese unwirkliche Landschaft. Wir halten. Ein paar Schritte hinein in das, was einmal Waldboden gewesen ist. Wir versinken bis zu den Knöcheln in Asche. Später erfahren wir, daß manche Menschen es gerne sehen, wenn ein Stück Wald abbrennt. Freies Land ohne Baumbestand bringt schneller eine Baugenehmigung. Die meisten Feuer in Spanien sind gelegt. Wir steigen wieder ins Auto. Hier können wir nichts mehr kaputt machen. Die Räder mahlen sich durch die hohe Asche. Fast zweihundert Meter sind es hinauf bis zur Kuppe, zweihundert Meter, die einer Fahrt auf einer Sanddüne gleichen.

Hinein in die Zivilisation. Ronda liegt vor uns, eine Stadt, die eher einer Festung gleicht. Geheimnisvoll und legendenreich, romantisch und begeisternd erhebt sich der alte Teil der Stadt hoch über dem Tajo. Sowohl Araber als auch Römer nutzten die strategisch günstige Position an den alten Heerstrassen nach Gibraltar. Kein Wunder, daß heute zahllose Touristenbusse ihre Gäste an der Brücke Puente Nuevo ausspucken. Zwei bis drei Stunden haben die Armen Zeit, sich die Geschichte reinzuziehen. Am herrlichen Palast des Emirs mit seinen schönen Stuckarbeiten vorbei zur Stierkampfarena, in der Pedro Romero „unsterblich" wurde. Seine Kunst des Stierkampfes inspirierte Goya zu seinen weltberühmten Stierkampfbildern.

Trotz des Rummels ist Ronda ein Muß, ebenso wie die Stadt Antequera, das Herz Andalusiens. Ihre besondere geografische Lage im Schnittpunkt aller Strassen durch Andalusien machte Antequera zum Schmelztiegel der verschiedensten Kulturen. Es finden sich Relikte aus der Bronzezeit ebenso wie Reste der Römer und natürlich der Araber, die ja schließlich mehrere Jahrhunderte über Andalusien geherrscht haben.

In vielen Ortsnamen finden sich noch maurische Bestandteile, wie auch in Alhaurin el Grande, in einem herrlichen Tal voller Zitrusfrüchte gelegen. Die „Finca la Mota" war uns empfohlen worden. Ruhig außerhalb des Ortes gelegen, ein idealer Platz zum Ausspannen. Ein kleiner Pool, der Grill im Freien, ein freundlicher Wirt, ein guter Rosé zum Abendessen. Herrlich, wenn da nicht die Hochzeit gewesen wäre. Eine spanische Hochzeit mit 400 Gästen und einem Sänger, dessen klagende Laute mich um den Schlaf gebracht und noch mehrere Nächte im Traum verfolgt haben. Es ist schon ein kleines Abenteuer, eine Tour durch das Hinterland der Costa del Sol.

Jürgen Hampel

Andalusien

ABLAUF DER REISE

Natürlich ist dies nur ein Vorschlag. Der Ablauf kann beliebig unterbrochen oder komplett neu zusammengestellt werden. Wer die einzelnen „Roadbooks" nachfährt, kommt immer wieder auf eine numerierte Straße, von dort kann ein Andalusien-Urlaub wieder individuell gestaltet werden.

1. Tag:

Deutschland - Sete, Südfrankreich. Übernachtung im Hotel „Le Grand Hotel", 17, quai de Tassigny, 34200 Sete, Tel.: 67 74 71 77, im Zentrum gelegen. Von der Autobahn aus den Schildern „Sete, gare maritime" folgen, später, ab dem ersten Kreisverkehr, den Schildern „centre ville".
FAHRT: Autobahn über Lyon, Orange, Avignon und Montpellier, Ausfahrt Sete.

2. Tag:

Sete - Puerto Lumbreras, Spanien. Übernachtung im Parador „Puerto Lumbreras", Avda. de Juan Carlos I, 77, 30890 Puerto Lumbreras, Tel.: 968 40 20 25. Vom Autobahnende weiter auf der Hauptstrasse nach Puerto Lumbreras, nach dem Ortsschild nach ca. 500 Metern auf der rechten Seite gelegen.
FAHRT: Autobahn über Beziers, Perpignan, Barcelona, Valencia, Alicante, Murcia und Lorca nach Puerto Lumbreras. Etwa 10 Kilometer vor Puerto Lumbreras endet die neue Autobahn und geht in die Straße N 342 über.

3. Tag:

Puerto Lumbreras - Granada. Übernachtung im Parador „Alhambra", Alhambra, 18009 Granada, Tel.: 958 22 14 40. Gute Beschilderung ab Alhambra zum Parador. Oft ausgebucht, deshalb diesen herrlich gelegenen Parador rechtzeitig reservieren.
FAHRT: Auf der N 342 über Velez Rubio, Chirivel nach Baza. Hier wird die N 342 zur Autobahn in Richtung Granada. Auf der Autobahn weiter Richtung Granada bis Ausfahrt Purullena.

Ab hier ROADBOOK:

Ausfahrt nach Purullena ist Kilometer 0, dort links

km	Ort	Fahrtrichtung	Anmerkung/Tips
0,525/0,525	✗	→	
2,625/2,100	Purullena		schöne Keramik
3,360/0,735	Purullena	← nach Balneario de Graena	
4,200/0,840		↑ nach Cortes Y Graena, La Peza	
6,090/1,890	Balneario	← nach La Peza	
11,13/5,040			schöner Blick
13,65/2,520			Blick auf Peza
15,33/1,680	La Peza	Im Ort (enge Durchfahrt)	
		→ nach Guadix, Granada	
15,96/0,630	✗	← nach Granada por Pantano de Quentar	
25,305/9,345	✗	↑ nach Quentar 11 km (Stein als Wegweiser)	Ende der Teerstrasse
25,41/0,105	✗	→ nicht Tocon!!	
26,145/0,735	✗	←	
28,56/2,415	✗	←	
29,61/1.050	✗	→	Kilometerzähler auf 0,00!!!
2,205/2,205	✗	↑	
5,565/3,360			Beginn Stausee
6,615/0,050			Beginn Teerstrasse
10,71/5,095	✗	↑	
11,76/1,050	✗	↑	

13,02/1,260	Dudar		
17,325/4,305	✗	→ nach Granada	
18,90/1,575	Cenes	↑ nach Granada	

Von hier aus ist der Weg zur Alhambra und damit zum Nachtquartier im „Parador" ausgeschildert.

4. Tag:

Granada - Competa. Übernachtung in kleinen Pensionen oder Hotels, beispielsweise der Pension „Los Montes", Plaza Almijara 2, Tel.: 251 6015. Direkt am kleinen Hauptplatz neben der Kirche gelegen. Die zweite Abzweigung ab der Hauptstrasse nach Competa benutzen, die Kirche dient als Orientierungsmerkmal. Durch den Ort selbst kann nicht gefahren werden, Straßen sind zu schmal.

FAHRT: Ab Granada auf der Schellstrasse N 323 in Richtung Motril bis zur Ausfahrt Richtung Almunecar.

Ab hier ROADBOOK:

Die Ausfahrt von der Schnellstrasse in Richtung Almunecar ist Kilometer 0!

km	Ort	Fahrtrichtung	Anmerkung/Tips
19,11/19,110	✗	↑ nach Almunecar	
26,985/7,875	✗	↑	Restaurant
27,93/0,945			Schöner Blick
46,62/18,69	✗	↑	
47,25/0,630	Otivar		Tal voller Bäume
51,24/3,990	Jete		Tal voller Bäume
59,01/7,770	Almunecar		

In Almunecar rechts auf die N 340 in Richtung Malaga bis zur Ausfahrt nach Frigiliana.

Ab hier ROADBOOK:

Ausfahrt nach Frigiliana ist Kilometer 0!

km	Ort	Fahrtrichtung	Anmerkung/Tips
4,095/4,095	Stoppschild	scharf → hier erneut Kilometer 0!!!!	
1,260/1,260	✗	→	
1,995/0,735	✗	←	
9,345/7,350	✗	→ Beginn Teerstrasse	
13,02/3,675	✗	→ nach Competa	

5. Tag:

Competa - Alhaurin el Grande, Übernachtung auf der „Finca La Mota", etwas außerhalb von Alhaurin gelegen. Tel.: 249 0901. Im Ort Richtung Mijas halten, kurz vor dem Ortsende links die Hügel hinauf. Fast jeder Passant kennt den Weg zur Finca. Schön gelegene Pension mit Pool und Reitmöglichkeiten, gegrillt und gegessen wird im Freien.

Fahrt nach ROADBOOK:

Die untere Straße raus aus Competa, wo sie auf die größere Straße trifft, rechts dem Schild „Ruta del Mudejar" nach. Diese Kreuzung ist Kilometer 0!!!!

km	Ort	Fahrtrichtung	Anmerkung/Tips
2,625/2,625	Archez	→ an der ✗ in den Ort	
2,780/0,155	✗	→ hinauf, noch im Ort	
3,780/1,000	✗	← abwärts	
5,145/1,365		↑	Ende Teerstrasse
5,460/0,315		↑ Beginn Teerstrasse	
5,670/0,210	✗	←	
6,400/0,730	✗	→	
7,350/0,950	✗	← hoch	

Andalusien

7,770/0,420	✗	→ schräg runter am Schild „Coto de Portivo Nr. 10383"	
8,820/1,050	✗	→	
9,550/0,730	✗	↑ leicht ← halten	
9,975/0,425	✗	←	
10,185/0,21	✗	←	
12,915/2,73	✗	→	
14,07/1,155	Teerstr.	→ nach Sedella	
16,90/2,830	Sedella	← am Ort vorbei	
33,075 16,175	✗	→ nach Colmenar, Granada, „Ruta del Aceite y los Montes"	
38,745/5,67	✗	→ nach Alhama	
39,165/0,42	✗	← nach Periana	
48,195/9,03	✗	→ nach Alfarnate	
Diese Kreuzung ist der neue Kilometerstand 0!!!!!			
20,475/20,475	✗	← nach Colmenar	tolles Lokal an der Kreuzung
37,38/16,905	✗	→ nach Malaga C 345	
38,43/1,050	✗	→ nach Casabermeja, nicht Malaga!!!!!!! unbedingt darauf achten!	

Andalusien

Die Route führt anschließend unter der Schnellstraße N 321 durch in den Ort Casabermeja, der einen sehr fotogenen Friedhof besitzt. Die erste Kreuzung in Casabermeja nach der Unterführung ist der neue Kilometerstand 0!!!!! An dieser Kreuzung geht es rechts weg.

km	Ort	Fahrtrichtung	Anmerkung/Tips
0,420/0,420	✗	← nach Malaga	
11,50/11,08			schöner Ausblick
14,28/2,780	✗	→	
17,95/3,670	✗	← Treffen auf Teerstrasse	
Dieses Punkt ist der neue Kilometer 0!!!			
1,260/1,260	✗	← nach Malaga	
10,299,030	✗	in Richtung Puerto de la Torre	

In Puerto de la Torre gibt es zwei Möglichkeiten. Wer Malaga besuchen möchte, fährt geradeaus in die Stadt hinein, sonst führt die Route in Puerto de la Torre rechts über Campanillas und St. Rosalia nach Estacion Cartama. Im Ort links über die Brücke über den Guadalhorce nach Cartama und weiter nach Alhaurin el Grande.

6. Tag:

Alhaurin el Grande - Antequera - Alhaurin el Grande, Übernachtung in der „Finca la Mota". Herrlicher Tagesausflug zum Nationalpark Torcal mit Wandermöglichkeiten und zur sehenswerten Stadt Antequera.

FAHRT: Zuerst zurück über Cartama nach Puerto de la Torre, von dort aus Richtung Antequera. An einer Kreuzung trennen sich die beiden Straßen MA 423 und C 3310. Die C 3310 ist die schönere Strecke. Sie führt lange Zeit am Rio Campanillas entlang, in den man immer wieder Abstecher machen kann. Das Fahren in diesem

Andalusien

Wadi ist herrlich, an den meisten Brücken gibt es Ein- und Ausstiege. Bei Villanueva de la Conception treffen sich beide Strassen wieder. Weiter in Richtung Antequera. Abstecher in den Nationalpark Torcal nicht versäumen, einzigartiges Felsgebilde. Nach der Besichtigung von Antequera mit seinen zahllosen Kirchen und Abteien und den Dolmengräbern (gut ausgeschildert), etwa 3-4 Kilometer auf der alten Straße zurück bis zur Kreuzung in Richtung Alora. Nun auf der C 337 über Valle de Abdalajis nach Alora. Nicht mehr Richtung Malaga, sondern ab Alora über Zalea und Villafranco de Guadalhorce zurück nach Alhaurin el Grande.

Statt diesem Abstecher können „Faule" aber auch einen Ruhetag einlegen. In der „Finca la Mota" gibt es einen ausgezeichneten Rose und auch die Gelegenheit zum Reiten. Der Tag kann aber auch zum Besuch von Malaga genutzt werden.

7. Tag:

Alhaurin el Grande - Ojen. Übernachtung im Parador „Refugio de Juanar", Sierra Blanca, 29610 Ojen, Tel.: 288 1000. Völlig einsam gelegenes Haus, früher Jagdschloss der Grafen von Larios, hervorragende Küche, Pool, schöne Wandermöglichkeiten.

FAHRT: Von Alhaurin über Mijas hinunter zur Küste. Auf der Küstenautobahn in Richtung Marbella bis zur Ausfahrt „Fuengirola, Aqua Parque". Dort in Richtung Puebla Aida oder Campo Golf (c 426). Die Ausfahrt, genauer gesagt, die Stelle im Tunnel ist Kilometerstand 0!!!!!

Fahrt nach ROADBOOK:

km	Ort	Fahrtrichtung	Anmerkung/Tips
5,670/5,670	✗	← nach Entrerios	
6,400/0,730	✗	← nach Entrerios	
9,345/2,945	✗	← Ende Teerstr.	
10,08/0,735	✗	→	
10,40/0,320	✗	←	
12,495/2,095	✗	←	
14,07/1,575	✗	↑ → halten	
14,595/0,525	✗	→	
18,585/3,990	✗	←	
19,215/0,630	✗	→	
19,320/0,105	✗	← Schild Ojen	
23,310/3,990	✗	→ Ojen	
25,725/2,415	✗	↑ Ojen	
26,250/0,525	✗	→	
27,300/1,050	✗	←	
27,825/0,525	✗	→	
31,600/3,775	✗	←	
33,070/1,470			Beginn der Teerstr.
33,495/0,425	Treffen auf die Hauptstrasse	dort →	

Die weitere Strecke zum „Refugio de Juanar" ist gut ausgeschildert.

8. Tag:

Ojen, Ruhetag. Eventuell Ausflug an die Küste nach Marbella, Übernachtung im „Refugio de Juanar".

9. Tag:

Ojen - Stauseen des Guadalteba und des Guadalhorce, Schlucht des El Chorro. Übernachtung im Zelt oder in einer der an der Strecke liegenden Pensionen. Herrliches Gebiet dem dem berühmten „Königsweg".

FAHRT: Vom „Refugio" hinunter zur Hauptstrasse und dann links in Richtung Monda. Beim Ortsanfang nicht der breiten Straße folgen, sondern links in den Ort. Auf der MA 413 an Guaro vorbei und bei der nächsten Kreuzung links auf die C 344 nach Alozaina. Dort auf die MA 403, vorbei an Casarabonela bis zur nächsten Kreuzung mit einer geteerten Strasse. Dort rechts, nicht nach El Burgo, sondern Richtung Ardales. Anfangs geteert, verwandelt sich die Strecke bald in eine üble Piste bis kurz vor Ardales. Durch den Ort (schlecht beschildert und eng) bis zur nächsten Kreuzung, dort links und gleich wieder rechts in Richtung „Embalse de Guadalteba - Guadalhorce". Nach sechs Kilometern rechts zur „Garganta del Chorro". Dort, oder an den Stauseen, herrliche Zeltmöglichkeiten.

10. Tag:
El Chorro - Ojen. Übernachtung „Refugio de Juanar".

FAHRT: Zurück bis Ardales und die schlimme Piste. Dann geradeaus weiter nach El Burgo. Hinter El Burgo links über Yunquera (C 344) nach Alozaina. Dort rechts und dann in den Ort Tolox. Die Abfahrt von der C 344 in Richtung Tolox ist unser Kilometer 0!!!!!

Ab hier wieder ROADBOOK:

km	Ort	Fahrtrichtung	Anmerkung/Tips
5,145/5,145	Bad	scharf →	
15,12/9,975	✗	←	
18,80/3,680	✗	→	
28,98/10,18	✗	←	
30,135/1,155	✗	→	
32,23/2,095	Haus	↑ ← halten	Achtung Schweine!!
35,38/3,150	✗	←	
42,42/7,040	✗	→	Beginn Teerstr.

Nun sind es etwa noch acht bis neun Kilometer bis zur Abzweigung zum „Refugio".

11. Tag:
Ojen - Ronda, Übernachtung im Hotel „Don Miguel", direkt bei der Brücke Puente Nuevo gelegen, die das alte Ronda mit dem neuen Teil der Stadt verbindet. Sehr schöne Hotelanlage (Tel.: 287 7722) mit herrlichem Blick auf die alte Festung.

FAHRT: Hinunter nach Marbella und auf der Küstenautobahn bis Estepona. Gleich zu Beginn des Ortes den Schildern „Estepona" nach und auf kleiner, kurviger Straße hinauf zur „Puerto de Penas Blancas". An der Kreuzung, an der es links zum Aussichtspunkt geht, scharf rechts und über Jubrique, Algatocin, Benadalid und Atajate auf der C 341 nach Ronda.

12. Tag:
Ronda - Estacion de Benaojan. Übernachtung im Hotel „Molino del Santo". Die ehemalige Ölmühle ist von einem englischen Ehepaar zu einem kleinen, aber feinen Landhotel umgebaut worden. Pool und ausgezeichnete Küche. Anschrift: Molino del Santo, Bda. Estacion s/n, 29370 Benaojan, Malaga, Telefon: 216 7151. Vom Ort Benaojan etwa 2 Kilometer zum Bahnhof. Die Zufahrt zum Hotel ist bestens ausgeschildert.

FAHRT: Über Arriate und La Cimada nach Setenil. Weiter nach Ronda la Vieja und auf der MA 449 zurück in Richtung Ronda. An der Kreuzung mit der C 339 rechts und nach rund 9 Kilometern wieder links nach Montejaque (vorbei) und nach Benaojan. Ausflug zu den Höhlen von La Pileta unbedingt einplanen.

13. Tag:
Benaojan - Sete, Südfrankreich. Hotel „Le Grand Hotel".

FAHRT: Von Benaojan zur C 339. Dort links bis zur Abzweigung nach El Gastor. Über El Gastor zur N 342 in Richtung Antequera. Über Antequera (vorbei) in Richtung Granada (vorbei) wieder zurück nach Puerto Lumbreras und die bekannte Strecke via Autobahn zurück nach Frankreich.

14. Tag:
Sete - Deutschland.

Wie schon zu Beginn gesagt: Die einzelnen Roadbooks können individuell als Ausflüge von jedem Urlaubsort aus einzeln an- und dann nachgefahren werden. Die gesamte Reise hat sich im vorgestellten Ablauf allerdings so gut bewährt, daß sie durchaus empfehlenswert ist.

Andalusien

Idyllische Rastplätze liegen entlang vieler Strecken.

Andalusien

AUF EINEN BLICK

Geografie

Das Hinterland der Costa del Sol gehört zur Provinz Malaga, die sich über eine Gesamtgröße von 7276 Quadratkilometern erstreckt. Der Küstenstreifen der Provinz Malaga umfaßt circa 160 Kilometer. Die jährliche Durchschnittstemperatur liegt bei 18 Grad, wobei die Höchsttemperatur mit über 30 Grad im August, die niedrigste Temperatur mit 12 Grad im Januar erreicht wird. Die Wassertemperatur liegt zwischen 14,8 Grad im Winter und 21,5 Grad im Sommer. Das Klima ist im allgemeinen mild. Nach der letzten Zählung hat die Provinz Malaga mehr als 1,2 Millionen Einwohner, wobei allein über 600 000 Menschen in der Stadt Malaga wohnen.

Sehenswürdigkeiten

Der Torcal

Der Naturpark bei Torcal gleicht einer Mondlandschaft durch die Karstformationen, welche Gassen, Übergänge und natürliche Brücken bilden. Das Gestein formt ein unüberschaubares Labyrinth, in dem man sich leicht verlaufen kann. Deshalb ist der Park für Besucher mit Wegweisern versehen worden, die drei verschiedene Rundgänge (45 Minuten bis vier Stunden) ermöglichen. Im Torcal kann man Adler, Wanderfalken, Turmfalken und Sperber sehen.

El Chorro

In diesem Naturschutzgebiet von Ardales befindet sich die eindrucksvolle Schlucht Garganta del Chorro, sehr eng, mit hohen, steilsten Felswänden, ein Dorado für Kletterer. Der Königsweg, der „camino del rey", führt in fast 500 Metern Höhe an diesen Steilfelsen entlang. Nur absolut Schwindelfreie sollten diesen fantastischen Weg benutzen, da er nur rund einen Meter breit ist und nur selten ein Geländer aufweist. Wer ihn sich zutraut, findet faszinierende Ein- und Ausblicke. Weiter gibt es in diesem Naturschutzgebiet zahlreiche große Stauseen mit Möglichkeiten zum Fischen, Zelten und Kanufahren. Im Hochsommer ist die Gegend ein beliebtes Ausflugsziel für die einheimische Bevölkerung.

Lagune von Fuentepiedra

Ganz in der Nähe der Stadt Antequera gelegen, nistet hier eine große Kolonie von rosafarbenen Flamingos.

Höhle von Nerja

Im Jahre 1959 entdeckten Hirtenjungen beim Spielen zufällig die Cuevas de Nerja. Diese Höhle ist ein wahrer archäologischer Schatz mit herrlichen, gewaltigen Stalagmithen und Stalakthiten, eine Kathedrale der Unterwelt. Schon in der frühen Steinzeit entwickelte sich hier menschliches Leben, was noch heute in den Höhlenzeichnungen und Keramikfunden zu sehen ist. Die Höhle wurde nach ihrer Erforschung zur Besichtigung freigegeben und gleichzeitig zum Nationaldenkmal erklärt. Alljährlich finden hier auch Orchesterabende und Ballett-Vorführungen statt.

Die Höhle von Pileta

Vier Kilometer außerhalb des Ortes von Benaojan befindet sich der Eingang zu dieser Höhle, die so ganz anders ist, als diejenige von Nerja. Nicht ausgeleuchtet, gehen hier die Besucher mit eigenen Lampen und einem Führer durch die Unterwelt. Die Höhle von Pileta gilt als eine der größten der Welt, ihre gesamte Ausdehnung ist noch immer nicht bekannt. Sie besitzt fünf Säle, von denen vier noch nicht erforscht sind. Unzählige Wandmalereien zeugen von früher Besiedelung (Paläolithikum). Eine der schönsten Darstellungen ist das perfekte Profil eines Fisches.

Mijas

Diesen Ort muß man einfach gesehen haben. Es ist kein künstlich entstandener, pittoresker Touristenort, sondern eine gewachsene Gemeinde, die sich in blendend weißen Häusern den Hang hinaufzieht.

Frigiliana

Dies ist eines der bezauberndsten andalusischen Dörfer mit typisch maurischen, engen, steilen Gassen, die zum Teil treppenförmig angelegt sind. Die Spuren der maurischen Vergangenheit sind hier erstaunlich gut erhalten. Aber auch Phönizier und Römer haben hier ihre Spuren hinterlassen.

Casabermeja

An maurischen Ruinen wird zwar die frühere Besiedelung durch die Araber deutlich, aber die eigentliche Ortsgründung fand unter den katholischen Königen statt. Sehenswert ist der herrliche Friedhof etwas außerhalb des Ortes.

Andalusien

Antequera
Das Herz Andalusiens. Zu allen Zeiten war und auch heute noch ist Antequera der Schnittpunkt aller Wege durch Andalusien und damit unweigerlich der Knotenpunkt aller Reisenden. Die Dolmen (Gräber) von Menga, Viera und El Romeral sind Relikte aus der Bronzezeit, Römer, Araber und Westgoten haben ihre Spuren hinterlassen. Zahlreiche Kirchen und Klöster bestimmen das Stadtbild. In der Stadt findet man die schönsten Beispiele der Baukunst aus der andalusischen Renaissance und dem Barock.

Ronda
Ronda war immer eine Festung, gelegen am Weg der Heere nach Gibraltar. Auf uneinnehmbaren Felsen hoch über dem Tajo verschanzten sich Römer, Araber und katholische Herrscher. Heute ist Ronda eine Stadt zum Träumen, eine Stadt mit ruhmreicher Vergangenheit im Stierkampf. Pedro Romero, der große Sohn der Stadt, inspirierte Goya zu seinen Gemälden vom Stierkampf.

Alhaurin el Grande
Wichtiges Agrarzentrum für Zitrusfrüchte. Gelegen in einem wunderschönen Tal.

Carratraca
Das ehemalige Aguas Hediondas (Stinkende Wasser) ist heute ein bekanntes Bad mit sulfonamidhaltigen Quellen, die Heilerfolge bei Atemwegserkrankungen und Hautkrankheiten bringen. Es wurde sowohl von den Römern, als auch den Arabern genutzt, in späterer Zeit suchten hier Lord Byron, Rainer Maria Rilke und Alexandre Dumas Linderung.

Sport

Die milden Temperaturen während des ganzen Jahres gestatten es, Sportarten im Freien jederzeit auszuüben. Möglich sind Tennis, Reiten, Wassersport, Motorsport, Motocross, Bergsteigen, Drachenfliegen. Nirgendwo sonst in Europa gibt es derart viel Golfplätze pro Quadratkilometer, wie an der Costa del Sol. Man muß kein Club-Mitglied sein, um Golf zu sehr erschwinglichen Preisen spielen zu können. An der gesamten Küsten gibt es zahlreiche Marinas für Motor- und Segelboote, Surf- und Wasserskimöglichkeiten. Einige Aqua-Parks versprechen Spaß auf gewaltigen Wasserrutschen (oft teuer!).

Eine Flasche Wein, etwas Brot und eine herrliche Aussicht. Ein Abendessen nach Maß.

Unterkunft

Die „Paradores" sind meist herrlich gelegene, staatliche Hotels mit gutem bis sehr gutem Service zu erschwinglichen Preisen. Das Wort „Parador" wird schon in der spanischen Literatur erwähnt. Während in der „Posada" die Tiere untergebracht wurden, diente der Parador den

Andalusien

Ein zweiter Grundgedanke ist, daß, wo immer möglich, alte Baudenkmäler, Hospize, Paläste, Burgen oder Klöster zur Einrichtung von Paradores benutzt werden. Eine informative Broschüre über die Paradores kann angefordert werden über: Ibero Hotel Reservierung, Berliner Allee 22, Düsseldorf 1.

Eine weitere Übernachtungsmöglichkeit bieten die in der Vereinigung „Estancias de Espana" zusammengeschlossenen Häuser. Hier verbinden sich Tradition und moderner Komfort. Eine Broschüre kann angefordert werden über: Fremdenverkehrsamt von Spanien, Graf-Adolf-Strasse 81, Düsseldorf 1.

Eine neue Übernachtungsform bietet der Zusammenschluß „Turismo Rural". Die Anbieter finden sich meist auf dem Land und kombinieren einfache Logiermöglichkeiten mit zahlreichen sportlichen Aktivitäten. Die Broschüre kann angefordert werden beim: Touristikverband der Costa del Sol, Compositor Lehmberg Ruiz 3, 29007 Malaga, Spanien, Tel: (52) 288354. Ein Herr mit dem Namen Guy Roberts spricht deutsch.

Weitere Auskünfte:

Vertretung der Costa del Sol in Deutschland: Bergold Promotions, Kleine Hochstrasse 9, Frankfurt/Main.

Offroadfahren

Es gibt in Andalusien zahllose unbefestigte Wege, die das Herz eines Off-Roaders höher schlagen lassen. Es kann vorkommen, daß man oft den ganzen Tag kein anderes Auto sieht. Neben den unbefestigten Pisten finden sich eine Unmenge von kleinen und kleinsten Straßen, die oft auf keiner Karte verzeichnet sind. Den Kilometerzähler auf einer länger Autobahnfahrt genau testen, um die Abweichung feststellen und berechnen zu können. Vorsicht auf den unbefestigten Pisten. Oft geht es seitlich steil hinunter, deshalb nicht zu schnell fahren. Leitplanken sind natürlich nicht vorhanden. Unvermutet tauchen große Ziegenherden auf. Achtung: auf ein gutes Reserverad achten. Schnell ist der Reifen einmal aufgeschlitzt, auf manchen Streckenabschnitten kann tagelang kein Auto vorbeikommen. Deshalb auch immer was zum Essen und Trinken mitnehmen, Zelt ist auch nicht verkehrt. Die Bremsen werden auf dieser Tour sehr stark

Reisenden als Unterkunft. Als Fortsetzung dieser Tradition wurde im Jahre 1926 das Projekt der staatlichen Paradores entwickelt. Zwischen den einzelnen Paradores liegen Entfernungen, die mit dem Auto bequem an einem Tag zurückgelegt werden können. Gegenwärtig umfaßt das Netz 86 Paradores in ganz Spanien. Ein Grundgedanke der Paradores-Idee ist es, das Angebot an Hotels auch dort zu gewährleisten, wo die Rentabilität für Privatinitiativen zu gering ist.

Andalusien

Von den Straßen im Hinterland bieten sich immer wieder herrliche Ausblicke.

beansprucht, vor Fahrtbeginn überprüfen! Tankstellen sind in ausreichendem Maße vorhanden, es empfiehlt sich jedoch, immer wieder rechtzeitig aufzufüllen.

Reisezeit

Ganzjährig, im Sommer viel Tourismus und sehr heiß.

Kriminalität

Im Hinterland so gut wie unbekannt, an der Küste sollte man das Auto nicht unbeobachtet stehen lassen.

Anreise

Fast durchgehend Autobahn bis in den Süden Spaniens. In Frankreich und in Spanien mautpflichtig, oft wird inzwischen die Kreditkarte akzeptiert.

Einreise

Ein gültiger Reisepaß oder Personalausweis genügt, grüne Versicherungskarte ist empfehlenswert.

Karten / Literatur

Firestone „Andalusia", 1 : 300 000. Achtung: Es kommt immer wieder vor, daß die Spanier die einzelnen Straßennummern ändern. Auch wird zur Zeit sehr viel gebaut. Für die Jackentasche etwas zu groß, aber in jedes Handschuhfach passend, ist der gut gegliederte und informative VivaGuide über Spanien aus dem RV-Verlag.

Manchmal ist der Weg einfach zu Ende.

PIEMONT

PIEMONT

Grenzforts im Westen

Viele noch erhaltene und zum Teil mäßig unterhaltene Pisten - überwiegend militärischen Ursprungs - führen zu den höchsten, legal anfahrbaren Punkten in den Alpen. Fast schon romantisch wirken daneben die alten, verfallenen Grenzbefestigungen entlang der italienisch-französischen Grenze.

Zwei Tage dauert die kilometerfressende Anreise aus Norddeutschland über bundesdeutsche Autobahnen, den baustellenbewehrten Brenner, durchs Gardatal und dann bei Verona nach rechts über die parallel zu den Alpen führende Autostrada nach Westen. Am späten Nachmittag des zweiten Tages türmen sich die Wolken der aufziehenden Sommergewitter über den piemontesischen Bergketten, die sich aus dem feuchten Dunst herausschieben. Das Entladen des Geländewagens artet in sportlichen Aktivismus aus, denn je schneller die Sprints zum Ho-

Rund um Susa finden sich herrliche Strecken für Allrad-Freunde.

Im Tal hängen noch die Nebelschwaden, während darüber schon die Sonne scheint.

teleingang, desto weniger durchnässen wir in den sich mit Blitz und Donner entladenden Wolkenbrüchen.
Der Gegensatz zwischen dem brodelnden Treiben in den Ortschaften und der Einsamkeit in der dünnen Luft der Hochlagen könnte kaum krasser sein. In Italien gehört es für die obere Mittelklasse aus dem Norden zum guten Ton, die Sommerferien in den kühlen Bergtälern zu verbringen. Vor allem abends und nachts dreht das Leben auf. Tönende Fernseher und unbekannte Lärmschutzvorschriften in der Disco und Bierbar nebenan vermitteln den Eindruck, Italien bestünde aus einem Volk Gehörgeschädigter. Doch wen stört's, auch wir sind im Urlaub. Und die größte Wahrscheinlichkeit für die Befahrbarkeit der nur wenige Kilometer entfernten Hochgebirgspisten liegt nun einmal im August.
Signora Ornella vom Tourist Office in Sauze d'Oulx versucht geduldig, uns ausführlich in die Materie des Straßenverkehrs- und Zivilrechts ihres Landes einzuweihen. Obwohl sie alles in perfektem Englisch erläutert, verstehe ich nur so viel: Man habe nichts gegen Geländewagenfahrer - ganz im Gegenteil; Verbotsschilder auf Bergstrecken würden in der Regel nur einen Haftungsausschluß bedeuten, beim wilden Zelten habe der Grundbesitzer das letzte Wort und alles in allem gäbe es in Italien eine „wide range of tolerance!"
Die wilden, geschotterten Bergsträßchen verdankt die allradfahrende Nachwelt der mißtrauischen Gesinnung früherer Generationen. Um auch in Friedenszeiten die nachbarschaftlichen Aktivitäten in Grenznähe genauestens beobachten zu können, legten sie ein perfektes System bestens befestigter Grenzforts an. Die Sperrwerke in den Tälern, wie die von Exilles und Fenestrelle, sind barocken Datums, während die Gipfelforts neuzeitliche Produkte sind. Letztere entstanden, nachdem Teile des ehemals französischen Dauphines ans heutige Italien kamen.
Das höchstgelegene Fort ist das auf dem 3136 Meter hohen Mont Chaberton, der schon in Frankreich liegt. Die Grenze verläuft unterhalb des Gipfels in der steilen Felswand. Leider ist der Chaberton wegen zahlreicher Abrutschungen nicht mehr mit zweispurigen Fahrzeugen zu bezwingen. Den letzten, mehrstündigen Gipfelanstieg muß man auf Schusters Rappen fort-

Felsklettern ist eine beliebte Sportart im Piemont.

setzen, was kein ganz leichtes Unterfangen in der dünnen Luft ist!
Rein militärischen Ursprungs sind auch der Weg zum Fort Pramand, wo man noch deutlich die Ausmaße der Geschütztürme erkennen kann, und weiter hinauf zum Gipfelfort auf dem Jafferau. Von dem dazwischenliegenden, rund 800 Meter langen, schmalen Tunnel darf man sich nicht erschrecken lassen. Da er im Halbkreis verläuft, ist es schon nach wenigen Metern stockdunkel. Abgeplant fahrende Allradler sollten die Überlegung anstellen, ob sie nicht doch lieber das Softtop wieder aufziehen oder zumindest eine Regenjacke überstülpen wollen. Im Tunnel prasselten noch jedes Mal heftige Sturzbäche

DIE NEUE GENERATION

Ganz schön heiß, die 17-Zoll Rad-Reifen-Kombination von Toyota und General Tire. Der Geländewagen-Reifen XP 2000x4 von General Tire ist ein High-Tech-Produkt für die neue Generation moderner, leistungsstarker Geländewagen wie den RAV 4.

General-Breitreifen in der Größe 255/50 R17 geben den neuen Fun-Cruisern eine Spitzenoptik. Erstklassiges Handling, Laufruhe, optimales Anti-Aquaplaning und höchste Bodenhaftung gewährleisten Sicherheit auf der Straße, ohne die Stärken im leichten Gelände zu verlieren. Ein zukunftsweisender Trend.

GENERAL TIRE

Erhältlich bei Ihrem Toyota-Händler und im guten 4x4-Handel

auf uns herab. Landschaftlich ist die Assietta-Kammstraße äußerst reizvoll. Die Schotterpiste verläuft durchschnittlich auf einer Höhe zwischen 2400 und 2500 Metern und passiert auf dem Weg über insgesamt acht Colles diverse verfallene Forts. Meistens zieht sich die Fahrspur durch steile Abhänge. Zum ausgiebigen Genießen des Panoramas läßt man seinen 4x4 besser stehen. Unaufmerksamkeiten enden bestenfalls mit einer Delle. Daß es auch viel schlimmer ausgehen kann, zeigt ein mehrere hundert Meter tief abgestürzter, auf dem Dach liegender PKW.

Auf dem Colle dell' Assietta treffen wir Klaus mit seinen Freunden in ihren Pajeros. Sofort sind wir im Gespräch und tauschen Erfahrungen aus. In der Abgeschiedenheit freut man sich immer, andere Menschen zu treffen, vor allem, wenn es Geländewagenfahrer sind. Auch das Zusammentreffen mit Bergsteigern und Mountainbikern wird nie von Feindseligkeiten begleitet. Man muß nur seine Fahrweise so einrichten, daß dem anderen die Staubdusche erspart bleibt - und schon erntet man ein freundliches Nicken.

Die anspruchsvollste Strecke führt vom Fort Gran Serin hinunter nach Susa. Der schmale Weg ist durchsetzt mit tiefen Auswaschungen, großen Felsbrocken und engen Kehren, in denen wir immer wieder zurücksetzen müssen. Er erfordert Bodenfreiheit, Spurbreite und Traktion. Allradantrieb und Geländeuntersetzung, letztere vor allem für genauestes Manövrieren, sind zwingend erforderlich!

Geradezu easy schaukeln wir dagegen unseren Jeep durchs Argentera-Tal, obgleich auch hier die Kehren vor dem Endpunkt keine unkonzentrierte Fahrweise vertragen. Die Piste endet an den Stallungen eines Bergbauernhofes. Doch zunächst geht es auf diesem, der Almwirtschaft dienenden Sträßchen locker zu. Der in der Talsohle fließende Bach lädt zu Wasserspielereien mit dem Geländewagen ein und abzweigende Wege führen zu Wiesen, die zum Picknicken und Sonnenbaden locken. Ein Ausflug zum Entspannen zwischendurch.

Auf dem Sommeiller rosten die eisernen Relikte eines früheren Sommerskigebietes still und beständig vor sich hin. Immerhin verdanken wir dieser sportiv motivierten Erschließungseuphorik die Existenz der Trasse. In die regelrecht hin-

Herrliche Ausblicke vermitteln die hochgelegenen Pisten im Piemont.

terste Ecke hochalpiner Bergwelt schraubt sich die geschotterte Piste. Wie aus einem Science-Fiction-Film wirken die weit über 3000 Meter hohen, heftig gezackten Höhenzüge. Bizarre Felsformationen aus zum Teil irreal graugrün schimmerndem Gestein begleiten uns auf den letzten Kilometern hinauf zum Colle und weiter zum Hochplateau. Eine motorisierte Steigerung zum Sommeiller gibt es nicht. Er ist der derzeit höchste anfahrbare Punkt in den Alpen.

Mit phantastischen Eindrücken im Herzen treten wir die Heimreise an. Zwei Tage öder Autobahnfahrt liegen wieder vor uns. Ein verschwindend geringer Preis.

Peter Böhlke

Piemont

Roadbook I
Assietta-Kammstraße I

km	Ort	Fahrtrichtung	Anmerkung/Tips
0,00	Sestrieres Abzweigung von SS 23 vor nordöstlichem Ortsausgang	←	hölzernem Wegweiser „Refugio Vinini" und „Col Basset" folgen
0,40/0,40	Y	→	„Colle delle Finestre" und „Colle dell' Assietta" folgen
5,70/5,30	Y	→	
6,30/0,60	Y Colle Basset	→	
8,70/2,40	Colle Bourget	↑	
11,60/2,90	Colle Piana	↑	
13,80/2,20	Monte Genevris	↑	
15,40/1,60	Col Blegier	↑	
18,50/3,10	Col Lousone	↑	
19,40/0,90	Y	←	
20,60/1,20	X	↑	
21,40/0,80	Testa Assietta	↑	
22,60/1,20	Y Colle Assietta	←	
25,50/2,90	Y	←	
25,80/0,30	Fort Gran Serin	vom Fort Gran Serin auf demselben Weg bis zum Colle Basset zurück	
0,00	X Colle Basset	→ Sauze d'Oulx	
0,20/0,20	Y	←	

Auch die „großen Brüder" der Allrad-Familie, hier ein „Action-Mobil", treffen wir immer mal wieder.

km	Ort	Fahrtrichtung	Anmerkung/Tips
3,90/3,70		↑ Fahrweg zwischen ein paar Häusern und unter Liften hindurch in den Wald	
5,30/1,40		↑	zwischen Lifthäuschen hindurch
6,50/1,20	✗	↑	
7,10/0,60	✗	→	Beschilderung „Sauze d'Oulx" und „Genevris" ignorieren
8,30/1,20	Y	←	
10,60/2,30	Sauze d'Oulx	Beschilderung „Torino" in den Ort, bzw. durch den Ort folgen	Ende

Roadbook II
Assietta - Kammstraße II

km	Ort	Fahrtrichtung	Anmerkung/Tips
0,00	Susa Abzweigung von der SS 24 vor dem östlichen Ortsausgang	Colle delle Finestre	
1,40/1,40	Y	← Colle delle Finestre	
2,00/0,60	Y	← Colle delle Finestre	
2,10/0,10	Y	↑ auf der Via Colle delle Finestre	
2,60/0,50	Y	← Colle delle Finestre	
2,70/0,10	Y	→ Colle delle Finestre	
18,60/15,90	Colle delle Finestre	↑	
18,90/0,30	Y	←	
21,00/2,10	✗	→	
22,90/1,90	Y	→ Colle del' Assietta	
31,00/8,10	Y	→	
32,00/1,00	✗ Colle Assietta	→	
34,90/2,90	Y	←	
35,20/0,30	Fort Gran Serin		
0,00	Fort Gran Serin	auf demselben Weg zurück	
0,30/0,30	Y	←	
1,30/1,00	Y	←	
9,10/7,80	Y	←	
10,00/0,90	✗	←	
10,60/0,60	Y	→	
10,90/0,30	✗	→	
19,90/9,00	✗	← Susa	Ende

Roadbook III
Jafferau

km	Ort	Fahrtrichtung	Anmerkung/Tips
0,00	✗ von der SS 24 zwischen Salbertrand und Exilles	Grange della Valle Pramand/Eclause	
0,90/0,90	✗	↑ Pramand	
1,90/1,00	✗	↑ Pramand /Frenee	
4,10/2,20	Y	→	
10,80/6,70	✗	scharf ←	
12,10/1,30	Fort Pramand	Wendepunkt, auf demselben Weg zur Einmündung zurück	
13,40/1,30	Einmündung	↑	
17,60/4,20	Y	→	
25,10/7,50		Endpunkt unterhalb des Gipfelforts	Ende

Roadbook IV
Valle Argentera

Aus Richtung Oulx kommend in Cesana Torinese an der großen Kreuzung geradeaus, obwohl die Beschilderung nach Sauze di Cesane nach links zu zeigen scheint.
An der Weggabelung unterhalb von Sauze di Cesane rechts Richtung Sestrieres.

km	Ort	Fahrtrichtung	Anmerkung/Tips
0,00	Y	→ Valle Argentera	
0,40/0,40	Brücke	↑	
0,80/0,40	Y	→	
2,10/1,30	✗	↑	
3,80/1,70	✗	↑	
9,40/5,60	✗	↑	
11,30/1,90	Y	→	
14,30/3,00			Ende

Roadbook V
Sommeiller

km	Ort	Fahrtrichtung	Anmerkung/Tips
0,00	aus Richtung Oulx auf der SS 24 hinter dem Ortseingangsschild von Bardonecchia	← Rochemolles	
0,20/0,20	Y	→ Rochemolles	
0,60/0,40	✗	←	zuvor durch eine Rechtskurve und über eine Brücke
5,60/5,00	✗	↑	an Rochemolles vorbei
6,30/0,70	Y	→	
14,40/8,10	Y	→	
25,70/11,30	Lac Sommeiller	→	
26,00/0,30	Endpunkt auf geneigtem Hochplateau		Ende

Piemont

Eine grandiose Bergwelt erwartet den Allradler im Piemont.

Piemont

Die Pisten sind oft tief ausgewaschen und grob geschottert.

AUF EINEN BLICK

Geschichte

Von politisch-militärischer Bedeutung waren die piemontesischen Alpenpässe schon immer. Bereits die Römer legen befestigte Orte zur Sicherung ihrer Nachschubwege nach Gallien an. Auch unter der Herrschaft der Langobarden, fränkischer Karolinger und des Königreichs Burgund spielen die Pässe eine wichtige Rolle. Im 10. Jahrhundert rauben und plündern die das Mittelmeer beherrschenden Sarazenen das heutige Piemont restlos aus. Nach der Vertreibung der Sarazenen leidet das Land unter den Interessengegensätzen von Adel, Stadtrepubliken, Kaiser und Papst.

Danach versuchen die adeligen Landherren, sich mal gen Frankreich zu orientieren, mal eine eigenständig-unabhängige Politik zu verfolgen. Ein Segen für die Bevölkerung ist weder das eine, noch das andere. In den Auseinandersetzungen spielt seit dem Mittelalter immer wieder die Dynastie der Savoyer eine gewichtige Rolle. Aus diesem Geschlecht werden 1718 die Könige von Sardinien-Piemont gekrönt. Nach der Einigung Italiens wird 1861 das Königreich Italien ausgerufen. König wird Vitorio Emanuele von Sardinien-Piemont.

Landschaft

Auffällig und faszinierend ist der unmittelbare Übergang von der flachen Po-Ebene zum Hochgebirge mit Gipfeln von über 4000 Metern. Da man bereits in den Tälern große Höhenunterschiede zu bewältigen hat, zieht sich die Baumgrenze mitunter fast bis in die Talsohle.

Offroadfahren

Unter den legal befahrbaren Pisten haben wir versucht, eine Auswahl zu treffen und die „Highlights" vorzustellen.

Ein rundes Verkehrszeichen mit rotem Rand auf weißem Grund heißt in den Ortschaften eindeutig „Durchfahrt verboten", außerhalb geschlossener Ortschaften bedeutet es das noch lange nicht. Nur dann, wenn ein Zusatzschild auf eine Verordnung oder ein Landesgesetz hinweist, kann man sicher sein, daß auch hier die Durchfahrt wirklich verboten ist. Ansonsten bedeutet das Schild nach unseren Recherchen Haftungsausschluß, aber kein striktes Fahrverbot. Die Situation ist etwas undurchsichtig.

Nichts für Anfänger ist nur der Weg vom Fort Gran Serin nach Susa, bzw. umgekehrt. Ansonsten sind alle Strecken bei trockener Witterung für jedermann geeignet. Das Befahren der Bergstrecken erfordert dennoch besondere Umsicht. Bei einem Wettersturz, und sei es nur das kurze Sommergewitter, können sich die Pisten in Bäche verwandeln und Orientierungsprobleme entstehen. Bei Unwettern muß man mit Abrutschungen und Felsstürzen rechnen.

Reisezeit

Im Juli können noch einzelne Straßen unbefahrbar sein. Der August ist der sicherste Monat. Im September soll es am schönsten sein. Allerdings schwinden dann schon zunehmend die Chancen, daß noch alle Pisten offen sind.

Einreise

Personalausweis oder Reisepaß, Führerschein, Fahrzeugschein und grüne Versicherungskarte.

ACTION MOBIL
... baut ganz große und ganz kleine!

Exclusive Spezialaufbauten in Einzelanfertigung, für Expedition und Weltreise.
Seit mehr als 15 Jahren verlässlicher Partner von Globe-Drivern in aller Welt.

SS+W GmbH & Co.KG
Leogangerstraße 53
A-5760 Saalfelden · Österreich
Telefon 06582-27120 · Fax 06582-27129

Anreise
Von München sind es über die Brennerautobahn und die italienische Autostrada über Verona und Turin etwa 800 Kilometer.

Unterkunft
Wir hatten als Ausgangspunkt Sauze d'Oulx gewählt und wohnten in den Hotels Stella Alpina (Telefon: 0122/850102) und Savoia (Telefon: 0122/850184). Die Inhaber beider Hotels sprechen englisch. Weitere Unterkunftsverzeichnisse gibt es beim Fremdenverkehrsamt des Susatales (Azienda di Promozione turistica della Vasusa, Piazza Garambois 5, 10056 Oulx (To), Piemonte-Italia, Telefon: 0122/831596, Fax 0122/831880)

Verpflegung
Bars und Pizzerias findet man überall, Restaurants eher selten. Dafür sind die Hotelküchen empfehlenswert. Geschäfte und Supermärkte, in denen man sich für unterwegs eindecken kann, gibt es genug.

Bekleidung
Neben leichter Sommerkleidung sollten Anorak, Pullover, Bergschuhe und ein gutes Sonnenschutzmittel im Kofferraum liegen.

Devisen
Für DM 1,– gibt es derzeit rund Lire 950. Am günstigsten ist es, vor Ort zu wechseln.

Benzin
Der Liter Eurosuper kostet rund DM 1,70, verbleites Super DM 1,80 und Diesel etwa DM 1,30.

Karten
Offizielle Karte des Touring Club Italiano, Blatt 1, Aostatal-Piemont, 1 : 200 000, Kümmerly und Frey. Euro-Regionalkarte Italien, Blatt 1 im Maßstab 1 : 300 000 aus dem RV Verlag und die im Piemont erhältliche Valli di Susa, 1 : 50 000, herausgegeben vom Instituto Geografico Centrale Torino.

Wie ein glänzendes Band zieht sich die Piste durch die Berge.

Der neue Pajero 3500 V6/24V

Wo's langgeht, bestimmen Sie!

Abb.: Pajero 3500 V6/24V, Sonderausstattung Trittbretter

Der neue Mitsubishi Pajero 3500 V6/24V ist da. Bereit, die unendliche Erfolgsgeschichte des Pajero mit starken 153 kW/208 PS und wegweisender Technik fortzusetzen. **Fahrer-Airbag** und Multi-Mode-ABS sorgen serienmäßig für mehr Sicherheit. Super Select 4WD kombiniert die Vorzüge des permanenten Allradantriebs mit denen des zuschaltbaren. Ob Neigungswinkel- und Höhenmesser oder Zentralverriegelung: er hat's. Dazu die Pajero-Erfahrung legendärer Rallyesiege und das Selbstbewußtsein eines vielfach ausgezeichneten Gewinners.
Mehr über den Pajero 3500 V6/24V, den neuen Pajero 2800 Turbo Diesel und alle anderen Pajero Modelle bei Ihrem Mitsubishi Händler.
Für welchen Pajero Sie sich auch entscheiden: **3 Jahre Garantie bis 100.000 km** fahren mit.

MMC Auto Deutschland GmbH, Hessenauer Straße 2, 65468 Trebur

+++ LETZTE MELDUNG +++ LETZTE MELDUNG +++ LETZTE MELDUNG +++

Band II und Erlebnis-Wochenenden

Während wir diese Zeilen schreiben, sind die ersten Seiten des vor Ihnen liegenden Bandes längst in Druck. Kein Grund für uns, sich gemütlich zurückzulehnen, denn inzwischen laufen die Vorbereitungen für Band II auf Hochtouren.

Ausgedehnte Sand- und Strandpisten auf Inseln und längs der Nordseeküste haben wir in Dänemark gefunden. Die Strecken sind für das Befahren mit dem Geländewagen offiziell freigegeben. In Marokko haben wir unseren Wagen über Sanddünen und Wüstenpisten gejagt, Königsstädte besucht und im Zelt unter freiem Himmel geschlafen. Und natürlich waren wir auch wieder in Deutschland und seinen angrenzenden Nachbarstaaten unterwegs. Selbstverständlich sind die interessantesten Strecken wieder anhand zahlreicher „Roadbooks" nachzuvollziehen.

Bei unseren Reisen sind wir vielerorts auf phantastische Gelegenheiten für organisierte Geländewagen-Wochenende gestoßen. Das erste Wochenende ist für das Frühjahr 1995 im Elsaß mit Fahren nach GPS, Roadbook, Karte und Kompaß geplant. Wenn Sie Interesse haben, schreiben Sie uns oder rufen Sie uns an. Pro Wochenende haben nur jeweils maximal 10 Teilnehmer-Fahrzeuge Gelegenheit, mitzumachen.

Das Erscheinen für Band II von „Roadbook" ist für Juli 1995 vorgesehen. Diesen Band können Sie sich sichern, indem Sie den unten angefügten Abschnitt ausfüllen und abschicken. Wir schreiben Sie dann unmittelbar vor Erscheinen von Band II an und senden Ihnen einen Bestellschein zu. Sie erleichtern uns damit Planung und Organisation.

Ihr Team von

vier mal vier unterwegs

---

kopieren oder ausschneiden und einsenden

vier mal vier unterwegs
Jürgen Hampel
Tannenbergstrasse 7, 86470 Thannhausen

☐ Ich bin an Band II interessiert und bitte um rechtzeitige Information.

☐ Ich bin am Elsaß-Geländewagen-Wochenende interessiert und bitte um Information.

Absender: _____

_____

_____

+++ LETZTZE MELDUNG +++ LETZTE MELDUNG +++ LETZTE MELDUNG +++

Die Autoren möchten sich bei folgenden Personen, Organisationen und Unternehmen bedanken, ohne deren Hilfe dieses Buch nicht zustande gekommen wäre:

Uwe Hevert, der die Autoren erst zusammengeführt hat und als Art „Geburtshelfer" bezeichnet werden kann.
Die Fremdenverkehrsämter von Irland, Andalusien, Italien, Frankreich und der Schweiz sind stets mit Rat und Tat zur Seite gestanden, wenn es galt, Touren in ihrem Gebiet zu planen und durchzuführen. Besonderer Dank in diesem Zusammenhang Piergiorgio Antonioni vom Staatlichen Italienischen Fremdenverkehrsamt, München; Gertraud Münch vom Schweizer Verkehrsbüro, München; Sabine Perras und Monika Tränklein vom Französischen Verkehrsbüro, Frankfurt; Holger Bergold und Guy Roberts vom Fremdenverkehrsamt der Costa del Sol, Frankfurt, bzw. Malaga, sowie Judith v. Rauchhaupt vom Irischen Fremdenverkehrsamt, Frankfurt.
Insbesondere die Vertretungen der oben genannten Fremdenverkehrsämter vor Ort erwiesen sich als äußerst hilfsbereit.
Ferner herzlichen Dank jenen Firmen, die mit ihrer Anzeige Vertrauen in das Projekt der Autoren gesetzt haben.

GeCo Raid Sport macht Dampf unter Ihrer Haube

GeCo hat Rallye-Erfahrung gesammelt, um sie bei Ihnen einzubauen

Für Leute, die echte Ansprüche an Ihren Geländewagen stellen, baut GeCo Raid Sport Rallye-Erfahrung ein:

1. Mehr Drehmoment für Straße und Rallye zum Beispiel für Pajero 3000 V6 und 3500 V6.
2. Hochgeschwindigkeitsfahrwerk für mehr Sicherheit auf der Straße.
3. Geländefahrwerk mit Doppeldämpfung vorne und hinten.
4. Recaro Sportsitze für Geländewagen, exklusiv für GeCo entwickelt.
5. 17" LM-Sportfelgen und Breitreifen.
6. GeCo-Leder-Lenkrad mit Airbag.
7. Wertvolle Innenausstattung, zum Beispiel Lederbezüge oder Schaltknauf aus Carbonfaser.

Schauen Sie doch mal in unsere Rallye-Werkstatt in Groß-Gerau rein. Wir versprechen Ihnen Dampf unter der Haube.

GeCo Raid Sport GmbH & Co.
Hans-Böckler-Straße 12
64521 Groß-Gerau
Telefon 06152/39070
Telefax 06152/39383

GeCo Raid Sport

GERMAN COCKPIT

Partner von GeCo Raid Sport sind:

Die Verwertung der Texte und Bilder, auch auszugsweise, ist ohne Zustimmung des Verlags urheberrechtswidrig und strafbar. Dies gilt auch für Vervielfältigungen, Übersetzungen, Mikroverfilmung und die Verarbeitung mit elektronischen Systemen. Alle Rechte liegen beim Verleger.

Verleger: Jürgen Hampel, Tannenbergstraße 7, 86470 Thannhausen.

Fotos
Silke Roßkothen: Seiten 1, 2/3, 6, 10/11, 12, 13, 14/15, 16/17, 18, 21, 24, 31, 32, 39, 41, 42/43, 44, 45, 46, 47, 49, 50, 51, 52, 53, 54, 55, 56, 57, 58/59, 63, 65, 68/69, 71, 72, 73, 74, 75, 78, 79, 80, 81, 82, 83, 84, 86/87, 88, 89, 90/91, 93, 94, 95, 96, 97, 98/99, 100, 102/103, 104, 105, 106/107, 108/109, 112/113, 114, 116, 118/119, 120, 121, 138, 144.

Mariette & Peter Böhlke: Seiten 4, 20, 26/27, 28, 29, 33, 36/37, 38, 40, 60/61, 62, 122/123, 124, 125, 127, 129, 131, 132, 134/135, 140/141, 142/143.

Ottfried Reitz: Seite 125

Titelbild: Silke Roßkothen

Die Tourenvorschläge in diesem Buch sind von den Autoren und vom Verlag sorgfältig erwogen und geprüft, dennoch kann eine Garantie nicht übernommen werden. Eine Haftung der Autoren, beziehungsweise des Verlages und seiner Beauftragten für Personen-, Sach- und Vermögensschäden ist ausgeschlossen.

Satz/Grafik/Litho: Günter Ott, Thannhausen
Druck: Presse Druck, Augsburg